Obra Completa de C.G. Jung
Volume 11/5

Psicologia e religião oriental

Comissão responsável pela organização do lançamento
da Obra Completa de C.G. Jung em português:
Dr. Léon Bonaventure
Dr. Leonardo Boff
Dora Mariana Ribeiro Ferreira da Silva
Dra. Jette Bonaventure

A comissão responsável pela tradução da Obra Completa de C.G. Jung sente-se honrada em expressar seu agradecimento à Fundação Pro Helvetia, de Zurique, pelo apoio recebido.

CIP-Brasil. Catalogação-na-fonte.
Sindicato Nacional dos Editores de Livros, RJ.

Jung, Carl Gustav, 1875-1961.

Psicologia e religião oriental / Carl Gustav Jung; tradução do Pe. Dom Mateus Ramalho Rocha; revisão técnica de Dora Ferreira da Silva. – 9. ed. – Petrópolis, Vozes, 2013.

Tradução de: Zur Psychologie westlicher und östlicher Religion.
Bibliografia.

17ª reimpressão, 2023.

ISBN 978-85-326-0749-2
1. Igreja oriental. 2. Psicologia. I. Título. II. Série.

CDD-150
281.5
CDU-159.9
291.14

80.0260

C.G. Jung

Psicologia e religião oriental

11/5

Petrópolis

© 1971, Walter-Verlag, AG, Olten, 1972

Tradução do original em alemão intitulado
*Zur Psychologie westlicher und östlicher
Religion* (Band 11)
(Partes X-XVI)

Editores da edição suíça:
Marianne Niehus-Jung
Dra. Lena Hurwitz-Eisner
Dr. Med. Franz Riklin
Lilly Jung-Merker
Dra. Fil. Elisabeth Rüf

Direitos exclusivos de publicação em língua portuguesa:
1980, Editora Vozes Ltda.
Rua Frei Luís, 100
25689-900 Petrópolis, RJ
www.vozes.com.br
Brasil

Todos os direitos reservados. Nenhuma parte desta obra poderá ser reproduzida
ou transmitida por qualquer forma e/ou quaisquer meios (eletrônico ou mecânico,
incluindo fotocópia e gravação) ou arquivada em qualquer sistema ou
banco de dados sem permissão escrita da editora.

CONSELHO EDITORIAL
Diretor
Volney J. Berkenbrock

Editores
Aline dos Santos Carneiro
Edrian Josué Pasini
Marilac Loraine Oleniki
Welder Lancieri Marchini

Conselheiros
Elói Dionísio Piva
Francisco Morás
Gilberto Gonçalves Garcia
Ludovico Garmus
Teobaldo Heidemann

Secretário executivo
Leonardo A.R.T. dos Santos

Tradução: Dom Mateus Ramalho Rocha, OSB
Revisão técnica: Dora Mariana Ribeiro Ferreira da Silva

Diagramação: AG.SR Desenv. Gráfico
Capa: 2 estúdio gráfico

ISBN 978-85-326-2424-6 (Obra Completa de C.G. Jung)

ISBN 978-85-326-0749-2 (Brasil)
ISBN 3-530-40411-9 (Suíça)

Este livro foi composto e impresso pela Editora Vozes Ltda.

Sumário

Prefácio da edição alemã, 7

Comentário psicológico sobre o Livro Tibetano da Grande Libertação, 11

    1. Diferença existente entre o pensamento oriental e o pensamento ocidental, 11

    2. Comentário ao texto, 31

Comentário psicológico ao Bardo Thödol, 49

A ioga e o Ocidente, 67

Prefácio à obra de Suzuki: A Grande Libertação, 77

Considerações em torno da psicologia da meditação oriental, 100

O Santo Hindu (Introdução à obra de H. Zimmer: O Caminho que Leva ao si-Mesmo), 119

Prefácio ao *I Ging*, 130

Referências, 153

Índice analítico, 155

Prefácio da edição alemã

A problemática religiosa ocupa um lugar central na obra de C.G. Jung. Quase todos os seus escritos, especialmente os dos últimos anos, tratam do fenômeno religioso. O que Jung entende por religião não se vincula a determinadas confissões. Trata-se, como ele próprio diz, de "uma observação acurada e conscienciosa daquilo que Rudolf Otto chamou de *numinosum*. Esta definição vale para todas as formas de religião, inclusive para as primitivas, e corresponde à atitude respeitosa e tolerante de Jung em relação às religiões não cristãs.

O maior mérito de Jung é o de haver reconhecido, como conteúdos arquétipos da alma humana, as representações primordiais coletivas que estão na base das diversas formas de religião.

O homem moderno sente, cada vez mais, falta de apoio nas confissões religiosas tradicionais. Reina atualmente uma grande incerteza no tocante a assuntos religiosos. A nova perspectiva desenvolvida por Jung permite-nos uma compreensão mais profunda dos valores tradicionais e confere um novo sentido às formas cristalizadas e esclerosadas.

Em *Psicologia e religião* Jung se utiliza de uma série de sonhos de um homem moderno, para revelar-nos a função exercida pela psique inconsciente, e que lembra a alquimia. No trabalho sobre o "dogma da Trindade", mostra-nos determinadas semelhanças da teologia régia do Egito, assim como das representações babilônicas e gregas, com o cristianismo, e no estudo sobre o ordinário da missa usa ritos astecas e textos dos alquimistas como termos de comparação.

Na *Resposta a Jó* se ocupa, comovido e apaixonado, ao mesmo tempo, da imagem ambivalente de Deus, cuja metamorfose na alma humana pede uma interpretação psicológica.

Baseando-se no fato de que muitas neuroses têm um condicionamento religioso, Jung ressalta nos ensaios sobre "A relação entre a psicoterapia e a pastoral" e "Psicanálise e pastoral" a necessidade da colaboração entre a psicologia e a teologia.

A segunda parte do volume reúne, sobretudo, os comentários e prefácios a escritos religiosos do Oriente. Estes trabalhos mostram-nos, em essência, os confrontos e comparações entre os modos e formas de expressão do Oriente e do Ocidente.

O prefácio ao I Ging, livro sapiencial e oracular chinês, proveniente de tempos míticos imemoriais, também foi incorporado ao presente volume. Tendo em vista que um oráculo sempre tem alguma relação com o maravilhoso, o numinoso, e como, de acordo com a antiga tradição, os ensinamentos das sentenças oraculares do I Ging devem ser consideradas "acurada e conscienciosamente", é fácil perceber sua relação íntima com o religioso. O prefácio em questão é importante no conjunto da obra de Jung, por tratar da natureza e da validade do oráculo em si, tocando assim a região dos acasos significativos que devem ser interpretados não somente à luz do princípio da causalidade, mas também segundo o princípio derivado da sincronicidade.

O volume vem acrescido de um apêndice, que não figura na edição inglesa*. Trata-se, no caso, de escritos em que Jung responde de maneira um tanto pessoal a perguntas a respeito de problemas religiosos, contribuindo, deste modo, para um ulterior esclarecimento dos temas tratados na parte principal do volume.

Numa entrevista dada à televisão inglesa, ao lhe perguntarem se acreditava em Deus, Jung respondeu: "I do not believe, I know". Esta curta frase desencadeou uma avalanche de perguntas, de tal proporção, que ele foi obrigado a manifestar-se a respeito, numa carta dirigida ao jornal inglês de rádio e televisão *The Listener*. É digno de nota que o entomologista Jean-Henri Fabre (1823-1915) exprimira sua convicção religiosa em termos quase idênticos: "Não acredito em Deus: eu o *vejo*". Tanto Jung como Fabre adquiriram tal certeza no trato com a natureza: Fabre, com a natureza dos instintos, observando o mundo dos insetos; Jung, no trato com a natureza psíquica do homem, observando e sentindo as manifestações do inconsciente.

---

* Na edição portuguesa, constará do volume 11 completo.

Psicologia e religião oriental 9

A seleção dos textos deste volume segue a do tomo correspondente aos *Collected Works,* Bollingen Series XX, Pantheon, Nova York, e Routledge & Kegan Paul Ltd., Londres. Também a paragrafação contínua é, com exceção do apêndice, a do referido volume.

Apresentamos aqui nossos calorosos e sinceros agradecimentos à Sra. Aniela Jaffé, por seu auxílio no tocante a muitas questões, à Sra. Dra. Marie-Louise v. Franz por sua ajuda no controle das citações gregas e latinas, e à Sra. Elisabeth Riklin pela elaboração do índice.

Abril de 1963.

Comentário psicológico sobre o Livro Tibetano da Grande Libertação[1]

1. Diferença existente entre o pensamento oriental e o pensamento ocidental

O Dr. Evans-Wentz confiou-me a tarefa de escrever o comentário sobre um texto que contém uma apresentação muito importante da "psicologia" oriental. O fato de que eu precise usar aspas já está indicando a problematicidade do emprego desse termo. Talvez não seja fora de propósito lembrar que o Oriente não produziu algo de equivalente à nossa psicologia, mas apenas uma metafísica. A filosofia crítica, que é a mãe da psicologia moderna, é estranha tanto ao Oriente quanto à Europa medieval. Por isso, o termo "espírito", no sentido em que é empregado no Oriente, tem uma conotação metafísica. Nosso conceito ocidental de espírito perdeu este sentido depois da Idade Média, e a palavra agora designa uma "função psíquica". Embora não saibamos nem pretendamos saber o que é a "psique" em si, podemos entretanto ocupar-nos com o fenômeno "espírito". Não afirmamos que o espírito seja uma entidade metafísica ou que exista alguma ligação entre o espírito individual e um espírito universal (*Universal Mind*) hipotético. Por isso nossa psicologia é uma ciência dos fenômenos puros, sem implicações metafísicas de qualquer ordem. O desenvolvimento da filosofia ocidental nos dois últimos séculos teve como resultado o isolamento do espírito em sua própria esfera e a ruptura de sua unidade original com o universo. O próprio homem deixou de

---

1. Escrito em 1939. Apareceu pela primeira vez em inglês, em *The Tibetan Book of the Great Liberation*, organizado por W.Y. Evans-Wentz, 1954. Versão alemã publicada em 1955.

ser o microcosmos, e sua alma já não é mais a *scintilla* consubstancial ou uma centelha da *anima mundi* [da alma do mundo].

760 Em razão disto, a psicologia trata todas as pretensões e afirmações metafísicas como fenômenos espirituais, considerando-as como enunciados acerca do espírito e sua estrutura que, em última análise, decorre de certas disposições inconscientes. A psicologia não os considera como possuidores de valor absoluto, nem também lhes reconhece a capacidade de expressar uma verdade metafísica. Não temos meios intelectuais que nos permitam verificar se uma tal colocação é correta ou errônea. O que sabemos unicamente é que não há nem a certeza nem a possibilidade de demonstrar a validade de um postulado metafísico como, por exemplo, o de um espírito universal. Mesmo que a inteligência nos garanta a existência de um espírito universal, temos a convicção de que ela estabelece apenas uma afirmação. Não acreditamos que tal afirmação demonstre a existência de um espírito universal. Não há argumento contra essa consideração, mas não há também certeza em relação à validade de nossa conclusão. Ou dito em outras palavras: é igualmente possível que nosso espírito não seja mais do que a manifestação de um espírito universal; mas também quanto a isto, não temos a possibilidade de saber se, de fato, é assim, ou não. Por isso, a psicologia acha que o espírito não pode constatar nem demonstrar o que ultrapassa esses limites.

761 Portanto, ao reconhecermos os limites de nosso espírito, estamos mostrando o nosso bom-senso. Admito que constitui um sacrifício despedir-se do mundo maravilhoso no qual vivem e se movimentam seres produzidos pelo nosso espírito. Trata-se do mundo do primitivo, onde até mesmo objetos sem vida são dotados de uma força vital, salvadora e mágica, mediante a qual estes objetos tornam-se parte integrante de nós mesmos. Mais cedo ou mais tarde tivemos de compreender que seu poder, no fundo, era o nosso próprio poder, e que seu significado era uma projeção de nós mesmos. A teoria do conhecimento constitui apenas o último passo dado, ao sairmos da juventude da humanidade, ou seja, daquele mundo em que figuras criadas pelo nosso espírito povoavam um céu e um inferno metafísico.

762 Apesar da inevitável crítica da teoria do conhecimento, permanecemos presos à concepção de que um órgão de fé capacita o homem a conhecer a Deus. Foi assim que o Ocidente desenvolveu a

Psicologia e religião oriental 13

nova enfermidade de um conflito entre a ciência e a religião. A filosofia crítica da ciência tornou-se, por assim dizer, metafisicamente negativa – ou, para dizer em outras palavras: materialista – partindo justamente de um julgamento errôneo. Consideramos a matéria como uma realidade tangível e cognoscível. Entretanto, esta matéria é uma noção absolutamente metafísica, hipostasiada por cérebros não críticos. A matéria é uma hipótese. Quando se fala em "matéria", está se criando, no fundo, um símbolo de algo que escapa ao conhecimento, e que tanto pode ser o espírito como qualquer outra coisa; pode ser inclusive o próprio Deus. A crença religiosa, por outro lado, recusa-se a abandonar sua *concepção do mundo*. Contradizendo as palavras de Cristo, os crentes tentam *permanecer* no estado de crianças. Agarram-se ao mundo da infância. Um teólogo famoso confessa, em sua autobiografia, que Jesus era seu bom amigo "desde a infância". Jesus é, precisamente, o exemplo elucidativo de uma pessoa que pregava algo bem diverso da religião de seus pais. Mas não parece que a *imitatio Christi* comporte o sacrifício espiritual e psíquico que Ele próprio teve de oferecer no início de sua carreira e sem o qual jamais ter-se-ia tornado um redentor.

O conflito surgido entre ciência e religião no fundo não passa de um mal-entendido entre as duas. O materialismo científico introduziu apenas uma nova hipótese, e isto constitui um pecado intelectual. Ele deu um nome novo ao princípio supremo da realidade, pensando, com isto, haver criado algo de novo e destruído algo de antigo. Designar o princípio do ser como Deus, matéria, energia, ou o que quer que seja, nada cria de novo. Troca-se apenas de símbolo. O materialista é um metafísico *malgré lui*. O crente, por outro lado, procura manter-se em um estado espiritual primitivo, por motivos meramente sentimentais. Não se mostra disposto a abandonar a relação infantil primitiva relativamente às figuras criadas pelo espírito. Prefere continuar gozando da segurança e confiança que lhe oferece um mundo em que pais poderosos, responsáveis e bondosos exercem a vigilância. A fé implica, potencialmente, num *sacrificium intellectus* (desde que o intelecto exista para ser sacrificado), mas nunca num sacrifício dos sentimentos. Assim os crentes permanecem em estado infantil, em vez de *se tornarem* como crianças, e não encontram a sua vida, porque não a perdem. Acresce ainda que a fé entra em choque com a ciência, recebendo deste modo a sua recompensa, pois se nega a tomar parte na aventura espiritual de nossa época.

764 Qualquer pensador honesto é obrigado a reconhecer a insegurança de todas as posições metafísicas, em especial a insegurança de qualquer conhecimento de fé. É também obrigado a reconhecer a natureza insustentável de quaisquer afirmações metafísicas e admitir que não existe uma possibilidade de provar que a inteligência humana é capaz de arrancar-se a si mesma do tremedal, puxando-se pelos próprios cabelos. Por isso é muito duvidoso saber se o espírito humano tem condições de provar a existência de algo transcendental.

765 O materialismo é uma reação metafísica contra a intuição súbita de que o conhecimento é uma faculdade espiritual ou uma projeção, quando seus limites ultrapassam os da esfera humana. Esta reação era "metafísica", na medida em que o homem de formação filosófica mediana não podia encarar a hipóstase que daí resultaria necessariamente. Não percebia que a matéria não passava de outro nome para designar o princípio supremo da existência. Inversamente, a atitude de fé mostra-nos como as pessoas resistem em acolher a crítica filosófica. Mostra-nos também como é grande o temor de terem de abandonar a segurança da infância para se lançarem a um mundo estranho e desconhecido, mundo regido por forças para os quais o homem é indiferente. Fundamentalmente, nada se altera nos dois casos: o homem e o ambiente que o cerca permanecem idênticos. O homem precisa apenas tomar consciência de que está contido na sua própria psique e que nem mesmo em estado de demência poderá ultrapassar estes limites. Também deve reconhecer que a forma de manifestação de seu mundo ou de seus deuses depende, em grande parte, de sua própria constituição espiritual.

766 Como já frisei anteriormente, a estrutura do espírito é responsável sobretudo por nossas afirmações a respeito de objetos metafísicos. Também ficamos sabendo que o intelecto não é um *ens per se* ou uma faculdade espiritual independente, mas uma função psíquica e, como tal, depende da psique como um todo. Um enunciado filosófico é o produto de uma determinada personalidade que vive em época bem determinada e num determinado lugar. Não é fruto de um processo puramente lógico e impessoal. Sob este aspecto, o enunciado filosófico é antes de tudo subjetivo. Que ele seja válido ou não subjeti-

Psicologia e religião oriental

vamente depende do maior ou menor número de pessoas que pensem do mesmo modo. O isolamento do homem no interior de sua própria psique, como resultado da crítica da teoria do conhecimento, conduziu-o logicamente à crítica psicológica. Esta espécie de crítica não goza de muita aceitação entre os filósofos, porque estes consideram o intelecto filosófico como um instrumento da filosofia perfeito e livre de preconceitos. Entretanto, o intelecto é uma função que depende da psique individual e é determinado por condições subjetivas, para não mencionarmos as influências do meio ambiente. Na realidade, já nos habituamos de tal modo com esta concepção que o "espírito" perdeu seu caráter universal. Tornou-se uma grandeza mais ou menos humanizada, sem qualquer vestígio do aspecto cósmico ou metafísico de outrora, quando era considerado como *anima rationalis*. O espírito é considerado, hoje, como algo de subjetivo ou até mesmo arbitrário. Depois que ficou demonstrado que as ideias universais hipostasiadas de outrora eram princípios espirituais, passamos a compreender melhor que toda a nossa experiência da chamada realidade é psíquica: cada pensamento, cada sentimento e cada ato de percepção são formados de imagens psíquicas, e o mundo só existe na medida em que formos capazes de produzir sua imagem. Recebemos de tal modo a impressão profunda de nosso cativeiro e de nosso confinamento em nossa psique, que nos sentimos propensos a admitir na psique a existência de coisas que desconhecemos e a que denominamos "o inconsciente".

A amplitude aparentemente universal e metafísica do espírito foi reduzida assim a um estreito círculo da consciência reflexa individual, a qual se acha profundamente marcada por sua subjetividade quase sem limites e pela tendência infantil e arcaica à projeção e à ilusão desenfreadas. Muitos pensadores científicos sacrificaram, inclusive, suas inclinações religiosas e filosóficas, receosos de cair num subjetivismo incontrolado. Para compensar a perda de um mundo que pulsava com o nosso sangue e respirava com o nosso sopro, alimentamos um entusiasmo pelos *fatos concretos*, por montanhas de fatos que o indivíduo jamais conseguirá abarcar com um só olhar. Afagamos a doce esperança de que este acúmulo aleatório venha um dia a formar um todo pleno de sentido. Mas ninguém tem certeza disto, porque nenhum cérebro humano é capaz de abranger a gigantesca soma final deste saber produzido em massa. Os fatos nos submergem e quem ousa especular deve pagar por isto com uma consciência má – e não sem razão, pois não tarda a tropeçar nos fatos reais.

768 Para a psicologia ocidental, o espírito é uma função da psique. É a *mentalidade* de um indivíduo. Na esfera da filosofia ainda é possível encontrar um espírito universal e impessoal que parece representar um resquício da "alma" humana primitiva. Esta maneira de interpretar a concepção ocidental talvez pareça um tanto drástica, mas no meu entender não está muito distante da verdade. Em todo caso, é esta a impressão que temos, quando a comparamos com a *mentalidade oriental*. No Oriente, o espírito é um princípio cósmico, a existência do ser em geral, ao passo que no Ocidente chegamos à conclusão de que o espírito é a condição essencial para o conhecimento e, por isso, também para a existência do mundo enquanto representação e ideia. No Oriente não existe um conflito entre a ciência e a religião, porque a ciência não se baseia na paixão pelos fatos, do mesmo modo que a religião não se baseia apenas na fé. O que existe é um conhecimento religioso e uma religião cognoscitiva[2]. Entre nós, ocidentais, o homem é infinitamente pequeno, enquanto a graça de Deus é tudo. No Oriente, pelo contrário, o homem é deus e se salva por si próprio. Os deuses do budismo tibetano pertencem à esfera do ilusório suceder-se das coisas e às projeções produzidas pelo espírito, mas nem por isso deixam de ter existência; entre nós, porém, uma ilusão continuará sempre uma ilusão e, como tal, não é coisa alguma. É paradoxal, mas ao mesmo tempo verdadeiro, o fato de que, para nós, o pensamento não possui realidade em seu verdadeiro sentido. Nós o tratamos como se fosse nada. Embora o pensamento possa ser correto, só admitimos sua existência devido a determinados fatos expressos por ele. Podemos inventar certos objetos altamente destrutivos como, por exemplo, a bomba atômica, com a ajuda desses fantásticos produtos de um pensamento que não existe na realidade, pois achamos que é totalmente absurdo admitir-se seriamente a realidade do pensamento em si.

769 A "realidade psíquica" é um conceito discutível, da mesma forma que a "psique" ou o "espírito". Alguns consideram estes últimos

---

2. Omito, de propósito, o Oriente modernizado.

Psicologia e religião oriental

como sendo a consciência de seus conteúdos, ao passo que outros admitem a existência de imagens "obscuras" e "inconscientes". Uns incluem os instintos na esfera do psíquico, ao passo que outros os excluem daí. A grande maioria dos autores considera a alma como o resultado de processos bioquímicos ocorridos nas células cerebrais. Para poucos, na psique reside a causa da função das células corticais. Alguns identificam a "vida" com a psique. Mas só uma minoria inexpressiva considera o fenômeno psíquico como uma categoria do ser enquanto tal, tirando daí as consequências lógicas. Na verdade, é uma contradição considerar que a categoria do ser, uma das condições essenciais de todo o existente, ou seja, da psique, seja real apenas pela metade. Na verdade, o ser psíquico é a única categoria do ser da qual temos um conhecimento direto e imediato, pois nenhuma coisa pode ser conhecida sem apresentar-se como imagem psíquica. A existência psíquica é a única que pode ser demonstrada diretamente. Se o mundo não assume a forma de uma imagem psíquica, é praticamente como se não existisse. Este é um fato de que o Ocidente não se deu plenamente conta, com raras exceções como, por exemplo, a filosofia de Schopenhauer. Mas Schopenhauer, como se sabe, foi influenciado pelo budismo e pelos *Upanishads*.

Até mesmo um conhecimento superficial é suficiente para mostrar que existe uma diferença fundamental entre o Oriente e o Ocidente. O Oriente se baseia na realidade psíquica, isto é, na psique, enquanto condição única e fundamental da existência. A impressão que se tem é a de que este conhecimento é mais uma manifestação psicológica do que o resultado de um pensamento filosófico. Trata-se de um ponto de vista tipicamente introvertido, ao contrário do ponto de vista ocidental que é tipicamente extrovertido[3]. A introversão e a extroversão, como se sabe, são atitudes temperamentais ou mesmo constitucionais, que jamais são intencionalmente assumidas em situações normais. Excepcionalmente, elas podem ser desenvolvidas de modo premeditado, mas somente em condições muito especiais. A introversão é, se assim podemos nos exprimir, o estilo do Oriente, ou seja, uma atitude habitual e coletiva, ao passo que a extroversão é o

770

---

3. Cf. *Psychologische Typen* (*Tipos psicológicos*) as definições de "extroversão" e "introversão" [OC, 6].

estilo do Ocidente. Neste a introversão é encarada como uma anomalia, um caso patológico ou, de qualquer maneira, inadmissível. Freud identificou-a com uma atitude autoerótica do espírito. Ele sustenta a mesma posição negativa da filosofia nazista da Alemanha moderna[4], filosofia que considera a introversão como um delito grave contra o sentimento comunitário. No Oriente, pelo contrário, a extroversão, que cultivamos com tanto carinho, é considerada como um apetite ilusório e enganador, como existência no Samsâra, como o ser mais íntimo da cadeia dos nidanas que atinge seu ponto culminante na soma dos sofrimentos do mundo[5]. Quem experimentou, na prática, o mútuo rebaixamento dos valores entre introvertidos e extrovertidos dar-se-á bem conta do conflito emocional que existe entre o ponto de vista oriental e o ponto de vista ocidental. A discussão acirrada acerca dos *universalia*, que teve início com Platão, oferece um exemplo instrutivo para quem é versado na história da filosofia na Europa. Não quero examinar aqui todas as ramificações do conflito existente entre introvertidos e extrovertidos. Devo, porém, mencionar os aspectos religiosos do problema. O Ocidente cristão considera o homem inteiramente dependente da graça de Deus ou da Igreja, na sua qualidade de instrumento terreno exclusivo da obra da redenção sancionado por Deus. O Oriente, pelo contrário, sublinha o fato de que o homem é a única causa eficiente de sua própria evolução superior; o Oriente, com efeito, acredita na "autorredenção".

771   O ponto de vista religioso representa sempre a atitude psicológica e seus preconceitos específicos, mesmo para aquelas pessoas que esqueceram sua religião, ou que dela nunca ouviram falar. Em relação à psicologia, o Ocidente é cristão em todos os sentidos, apesar de tudo. O *anima naturaliter christiana* de Tertuliano vale para todo o Ocidente, não somente no sentido religioso, como ele pensava, mas também no sentido psicológico. A graça provém de uma outra fonte; de qualquer modo, ela vem de fora. Qualquer outra perspectiva é pura heresia. Assim compreende-se perfeitamente que a alma humana tenha complexos de inferioridade. Quem ousa pensar em uma re-

---

4. Este comentário foi redigido em 1939.

5. *Samyutta-nikâya* 12, *Nidâna-samyutta*.

Psicologia e religião oriental

lação entre a alma e a ideia de Deus é logo acusado de psicologismo ou suspeito de misticismo doentio. O Oriente, pelo contrário, tolera compassivamente estes graus espirituais "inferiores" em que o homem se ocupa com o pecado devido à sua ignorância cega a respeito do *carma*, ou atormenta a sua imaginação com uma crença em deuses absolutos, os quais, se ele olhar um pouco mais profundamente, perceberá que não passam de véus ilusórios tecidos pelo seu próprio espírito. Por isso, a psique é o elemento mais importante, é o sopro que tudo penetra, ou seja, a natureza de Buda; é o espírito de Buda, o uno, o *Dharma-Kâya*. Toda vida jorra da psique e todas as suas diferentes formas de manifestação se reduzem a ela. É a condição psicológica prévia e fundamental que impregna o homem oriental em todas as fases de seu ser, determinando todos os seus pensamentos, ações e sentimentos, seja qual for a crença que professe.

De modo análogo, o homem ocidental é cristão, independentemente da religião à qual pertença. Para ele, a criatura humana é algo de infinitamente pequeno, um quase nada. Acrescenta-se a isso o fato de que, como diz Kierkegaard, "o homem está sempre em falta diante de Deus". O homem procura conciliar os favores da grande potência mediante o temor, a penitência, as promessas, a submissão, auto-humilhação, as boas obras e os louvores. A grande potência não é o homem, mas um *totaliter aliter*, o totalmente outro, absolutamente perfeito e exterior, a única realidade existente[6]. Se modificarmos um pouco a fórmula e em lugar de Deus colocarmos outra grandeza, como, por exemplo, o mundo, o dinheiro, teremos o quadro completo do homem ocidental zeloso, temente a Deus, piedoso, humilde, empreendedor, cobiçoso, ávido de acumular apaixonada e rapidamente toda espécie de bens deste mundo, tais como riqueza, saúde, conhecimentos, domínio técnico, prosperidade pública, bem-estar, poder político, conquistas etc. Quais são os grandes movimentos propulsores de nossa época? Justamente as tentativas de nos apoderarmos do dinheiro ou dos bens dos outros e de defendermos o que é nosso. A inteligência se ocupa principalmente em inventar "ismos" adequados para ocultar os seus verdadeiros motivos ou para conquis-

772

---

6. OTTO, R. *Das Heilige*, 1918, p. 28; cf. tb.: *Das Gefühl des Überweltlichen*, 1932, p. 212s.

tar o maior número possível de presas. Não pretendo descrever o que sucederia a um oriental se se esquecesse do ideal de Buda. Não quero colocar, assim, tão deslealmente, e para nossa vantagem, o preconceito ocidental. Mas não posso deixar de propor a questão de saber se seria possível ou mesmo conveniente para ambos os lados imitar o ponto de vista do outro. A diferença entre ambos é tão grande que não se vê uma possibilidade de imitá-los, e muito menos ainda a oportunidade de o fazer. Não se pode misturar fogo com água. A posição oriental idiotiza o homem ocidental, e vice-versa. Não se pode ser ao mesmo tempo um bom cristão e seu próprio redentor, do mesmo modo como não se pode ser ao mesmo tempo um budista e adorar a Deus. Muito mais lógico é admitir o conflito, pois se existe realmente uma solução, só pode tratar-se de uma solução irracional.

773   Por inevitável desígnio do destino, o homem ocidental tomou conhecimento da maneira de pensar do oriental. É inútil querer depreciar esta maneira de pensar ou construir pontes falsas ou enganadoras por sobre abismos. Em vez de aprender de cor as técnicas espirituais do Oriente e querer imitá-las, numa atitude forçada, de maneira cristã – *imitatio Christi* –, muito mais importante seria procurar ver se não existe no inconsciente uma tendência introvertida que se assemelhe ao princípio espiritual básico do Oriente. Aí, sim, estaríamos em condições de construir, com esperança, em nosso próprio terreno e com nossos próprios métodos. Se nos apropriarmos diretamente dessas coisas do Oriente, teremos de ceder nossa capacidade ocidental de conquista. E com isso estaríamos confirmando, mais uma vez, que "tudo o que é bom vem de fora", onde devemos buscá-lo e bombeá-lo para nossas almas estéreis[7]. A meu ver, teremos aprendido alguma coisa com o Oriente no dia em que entendermos que nossa alma possui em si riquezas suficientes que nos dispensam de fecundá-la com elementos tomados de fora, e em que nos sentirmos capazes de desenvolver-nos por nossos próprios meios, com ou sem a graça de Deus. Mas não poderemos entregar-nos a esta tarefa ambiciosa, sem antes aprender a agir sem arrogância espiritual e sem uma se-

---

7. "Quem não possui Deus desta maneira, mas tem necessidade de buscá-lo todo fora... não possui Deus de maneira nenhuma, e então é fácil que algo o perturbe". *Meister Eckeharts Schriften und Predigten*. Organizado por H. Büttner, 1909, II, p. 8.

Psicologia e religião oriental 21

gurança blasfema. A atitude oriental fere os valores especificamente cristãos e não adianta ignorar estas coisas. Se quisermos que nossa atitude seja honesta, isto é, radicada em nossa própria história, é preciso apropriarmo-nos desta atitude, com plena consciência dos valores cristãos e conscientes do conflito que existe entre estes valores e a atitude introvertida do Oriente. É a partir de dentro que devemos atingir os valores orientais e procurá-los dentro de nós mesmos, e não a partir de fora. Devemos procurá-los em nós próprios, em nosso inconsciente. Aí, então, descobriremos quão grande é o temor que temos do inconsciente e como são violentas as nossas resistências. É justamente por causa destas resistências que pomos em dúvida aquilo que para o Oriente parece tão claro, ou seja, a capacidade de autolibertação própria da mentalidade introvertida.

Este aspecto do espírito é, por assim dizer, desconhecido no Ocidente, embora seja o componente mais importante do inconsciente. Muitas pessoas negam de todo a existência do inconsciente ou afirmam que este é constituído apenas pelos instintos ou por conteúdos recalcados ou esquecidos, que antes formavam parte da consciência. Podemos admitir com toda a tranquilidade que a expressão oriental correspondente ao termo "mind" se aproxima bastante do nosso "inconsciente", ao passo que o termo "espírito" é mais ou menos idêntico à consciência reflexa. Para nós, ocidentais, a consciência reflexa é impensável sem um eu. Ela se equipara à relação dos conteúdos com o eu. Se não existe o eu, estará faltando alguém que possa se tornar consciente de alguma coisa. O eu, portanto, é indispensável para o processo de conscientização. O espírito oriental, pelo contrário, não sente dificuldade em conceber uma consciência sem o eu. Admite que a existência é capaz de estender-se além do estágio do eu. O eu chega mesmo a desaparecer neste estado "superior". Semelhante estado espiritual permaneceria inconsciente para nós, pois simplesmente não haveria uma testemunha que o presenciasse. Não ponho em dúvida a existência de estados espirituais que transcendam a consciência. Mas a consciência reflexa diminui de intensidade à medida em que o referido estado a ultrapassa. Não consigo imaginar um estado espiritual que não se ache relacionado com um sujeito, isto é, com um eu. O seu poder não pode subtrair-se ao eu. O eu, por exemplo, não pode ser privado do seu sentimento corporal. Pelo contrário, enquanto hou-

774

ver capacidade de percepção, deverá haver alguém presente que seja o sujeito da percepção. É só de forma mediana e indireta que tomamos consciência de que existe um inconsciente. Entre os doentes mentais podemos observar manifestações de fragmentos do inconsciente pessoal que se desligaram da consciência reflexa do paciente. Mas não temos prova alguma de que os conteúdos inconscientes se achem em relação com um centro inconsciente, análogo ao eu. Antes, pelo contrário, existem bons motivos que nos fazem ver que um tal estado nem sequer é provável.

775 O fato de o Oriente colocar de lado o eu com tanta facilidade parece indicar a existência de um pensamento que não podemos identificar com o nosso "espírito". No Oriente, o eu desempenha certamente um papel menos egocêntrico que entre nós; seus conteúdos parecem estar relacionados com um sujeito apenas frouxamente, e os estados que pressupõem um eu debilitado parecem ser os mais importantes. A impressão que se tem, igualmente, é de que a hatha-ioga serve, antes de tudo, para extinguir o eu pelo domínio de seus impulsos não domesticados. Não há a menor dúvida de que as formas superiores da ioga, ao procurar atingir o samâdhi, têm como finalidade alcançar um estado espiritual em que o eu se ache praticamente dissolvido. A consciência reflexa, no sentido empregado por nós, é considerada como algo inferior, isto é, como um estado de avidyâ (ignorância), ao passo que aquilo a que denominamos de "pano de fundo obscuro da consciência reflexa" é entendido, no Oriente, como consciência reflexa "superior" . O nosso conceito de "inconsciente coletivo" seria, portanto, o equivalente europeu do buddhi, o espírito iluminado.

776 Destas considerações podemos concluir que a forma oriental da "sublimação" consiste em retirar o centro de gravidade psíquico da consciência do eu, que ocupa uma posição intermédia entre o corpo e os processos ideais da psique. As camadas semifisiológicas inferiores da psique são dominadas pela prática da ascese, isto é, pela "exer-

---

8. A psicologia do Ocidente não classifica os conteúdos desta maneira, isto é, como julgamentos da consciência que distinguem entre a ideia de "superior" e de "inferior". Parece que o Oriente reconhece a existência de condições psíquicas subumanas, uma verdadeira "subconsciência" que compreende os instintos e os psiquismos semifisiológicos, mas é classificada de "consciência superior".

Psicologia e religião oriental

citação", e, assim, mantidas sob controle. Não são negadas ou reprimidas diretamente por um esforço supremo da vontade, como acontece comumente no processo de sublimação ocidental. Pelo contrário, poder-se-ia mesmo dizer que as camadas psíquicas inferiores são ajustadas e configuradas pela prática paciente da hatha-ioga, até chegarem ao ponto de não perturbarem mais o desenvolvimento da consciência "superior". Este processo singular parece ser estimulado pela circunstância de que o eu e seus apetites são represados pelo fato de o Oriente atribuir maior importância ao "fator subjetivo"[9]. A atitude introvertida caracteriza-se, em geral, pelos dados *a priori* da apercepção. Como se sabe, a apercepção é constituída de duas fases: a primeira é a apreensão do objeto, e a segunda a assimilação da apreensão à imagem previamente existente ou ao conceito mediante o qual o objeto é "compreendido". A psique não é uma não entidade, desprovida de qualquer qualidade. A psique constitui um sistema definido, consistente de determinadas condições e que reage de maneira específica. Qualquer representação nova, seja ela uma apreensão ou uma ideia espontânea, desperta associações que derivam do tesouro da memória. Estas se projetam imediatamente na consciência e produzem a imagem complexa de uma impressão, embora este fato já constitua, em si, uma espécie de interpretação. Designa a disposição inconsciente, da qual depende a qualidade da impressão, que designo pelo nome de "fator subjetivo". Este merece o qualificativo de "subjetivo" porque é quase impossível que uma primeira impressão seja objetiva. Em geral é preciso antes um processo cansativo de verificação, análise e comparação, para que se possa moderar e ajustar as reações imediatas do fator subjetivo.

Apesar da propensão da atitude extrovertida a designar o fator subjetivo como "apenas subjetivo", a proeminência atribuída a este fator não indica, necessariamente, um subjetivismo de caráter pessoal. A psique e sua natureza são bastante reais. Como já assinalei, elas convertem até mesmo os objetos materiais em imagens psíquicas. Não captam as ondas sonoras em si, mas o tom: não captam os comprimentos das ondas luminosas, mas as cores. O ser é tal qual o vemos e entendemos. Existe um número infinito de coisas que podem ser vistas, sen-

---

9. *Tipos psicológicos*, 2011 [OC, 6, p. 406s.].

tidas e entendidas das mais diversas maneiras. Abstração feita dos preconceitos puramente pessoais, a psique assimila fatos exteriores de maneira própria que, em última análise, baseia-se nas leis ou formas fundamentais da apercepção. Estas formas não sofrem alteração, embora recebam designações diferentes em épocas diferentes ou em partes diferentes do mundo. Em nível primitivo, o homem teme os magos e feiticeiros. Modernamente, observamos os micróbios com igual medo. No primeiro caso, todos acreditam em espíritos; no segundo, acredita-se em vitaminas. Antigamente, as pessoas eram possuídas do demônio; hoje elas o são, e não menos, por ideias etc.

778   O fator subjetivo é constituído, em última análise, pelas formas eternas da atividade psíquica. Por isto, todo aquele que confia no fator subjetivo está se apoiando na realidade dos pressupostos psíquicos. Se agindo assim ele consegue estender a sua consciência para baixo, de sorte a poder tocar as leis fundamentais da vida psíquica, estará em condições de entrar na posse da verdade que promana naturalmente da psique, se esta não for, então, perturbada pelo *mundo exterior* não psíquico. Em qualquer caso, esta verdade compensará a soma dos conhecimentos que podem ser adquiridos através da pesquisa do mundo exterior. Nós, do Ocidente, acreditamos que uma verdade só é convincente quando pode ser constatada através de fatos externos. Acreditamos na observação e na pesquisa o mais exatas possíveis da natureza. Nossa verdade deve concordar com o comportamento do mundo exterior, pois, do contrário, esta verdade será meramente subjetiva. Da mesma forma que o Oriente desvia o olhar da dança da prakrti (*physis*, natureza) e das múltiplas formas aparentes da mâyâ, assim também o Ocidente tem medo do inconsciente e de suas fantasias vãs. O Oriente, no entanto, sabe muito bem haver-se com o mundo, apesar de sua atitude introvertida; o Ocidente também sabe agir com a psique e suas exigências, apesar de sua extroversão. Ele possui uma instituição, a Igreja, que confere expressão à psique humana, mediante seus ritos e dogmas. As ciências naturais e a técnica não são também, de modo algum, invenções puramente ocidentais. Seus equivalentes orientais parecem um pouco fora de moda ou mesmo primitivos, mas o que temos para apresentar no tocante ao conhecimento espiritual e à técnica psicológica deve parecer tão atrasado, comparado à *ioga*, como a astrologia e a medicina orientais, comparadas às ciências do Ocidente. Não quero negar a eficácia da

Psicologia e religião oriental

Igreja cristã, mas se compararmos os *Exercícios* de Inácio de Loyola com a ioga compreende-se o que quero dizer. Existe uma diferença, e uma diferença muito grande. Passar diretamente deste nível para a ioga oriental é tão inoportuno quanto a súbita transformação dos asiáticos em europeus pela metade. Os benefícios da civilização ocidental parecem-me duvidosos, e semelhante reparo tenho a fazer também quanto à adoção da mentalidade oriental por parte do Ocidente. Mas estes mundos antitéticos se defrontaram um com o outro. O Oriente está em pleno processo de transformação; foi seriamente perturbado, e de modo mais profundo e prenhe de consequências. Até mesmo os métodos mais eficazes da arte bélica europeia foram imitados, com sucesso, pelo Oriente. Quanto a nós, a dificuldade parece mais de ordem psicológica. Nossa fatalidade são as ideologias, que correspondem ao Anticristo há tanto tempo esperado. O nacional-socialismo (nazismo) se assemelha tanto a um movimento religioso quanto qualquer outro movimento a partir de 622 d.C. O comunismo tem a pretensão de instaurar o paraíso na terra. Estamos, de fato, mais protegidos contra as más colheitas e epidemias do que contra nossa miserável inferioridade espiritual, que parece oferecer tão pouca resistência às epidemias psíquicas.

O Ocidente é também extrovertido em sua atitude religiosa. Hoje em dia soa como uma ofensa afirmar que o cristianismo possui um caráter hostil ou pelo menos uma atitude de indiferença em relação ao mundo e suas alegrias. Pelo contrário, o bom cristão é um cidadão jovial, um homem de negócios empreendedor, um excelente soldado, o melhor em todas as profissões. Os bens profanos são considerados, muitas vezes, como recompensa especial do comportamento cristão, e o adjetivo ἐπιούσιος, *supersubstantialis*[10] do Pai-nosso, que se referia ao pão, foi abandonado há muito tempo, pois o pão real é, evidentemente, muito mais importante. Nada mais lógico, portanto, que uma extroversão tão ampla não pudesse conceder ao homem uma alma que encerrasse em si algo que não proviesse exteriormente do conhecimento humano ou que não fosse produzido pela graça divina. Sob este ponto de vista, a afirmação de que o homem traz em si a possibilidade da autorredenção é uma blasfêmia manifesta. Em nos-

---

10. O termo *substantialis* não corresponde ao verdadeiro (correto) sentido de ἐπιούσιος, como mostraram pesquisas posteriores.

sa religião não há nada que apoie a ideia de uma força de autoliberta-ção do espírito. Existe, entretanto, uma forma bastante moderna de psicologia – a psicologia dita analítica ou complexa – segundo a qual há a possibilidade de que, no inconsciente, ocorram determinados processos que compensam, com o seu simbolismo, as deficiências e os desnorteamentos da atitude consciente. Quando as compensações inconscientes se tornam conscientes por meio da técnica analítica, provocam uma mudança tão grande na atitude consciente, que podemos falar de um novo nível de consciência. Mas o método em si não é capaz de produzir o processo propriamente dito da compensação inconsciente. Este depende inteiramente da psique inconsciente ou da "graça divina" – o nome pouco importa. Mas o processo inconsciente em si quase nunca atinge a consciência, sem a ajuda da técnica. Quando é trazido à tona, revela conteúdos que formam um contraste notável com a orientação geral das ideias e dos sentimentos conscientes. Se assim não fosse, tais conteúdos não teriam efeito compensatório. Mas o primeiro resultado, em geral, é um conflito, pois a atitude consciente opõe resistência à penetração de tendências aparentemente incompatíveis e estranhas. É nas esquizofrenias onde se veem os exemplos mais espantosos de semelhantes intrusões de conteúdos totalmente estranhos e inaceitáveis. Nestes casos, trata-se, naturalmente, de deformações e aberrações patológicas, e com o simples conhecimento do material moral é possível constatar a semelhança do esquema que está na base desses fenômenos. Aliás, são nossas próprias imagens que podem ser encontradas na mitologia e em outras formas arcaicas de pensamento.

780 　　Em circunstâncias normais, qualquer conflito impele a psique a agir no sentido de chegar a uma solução mais satisfatória. Por via de regra – vale dizer: no Ocidente – o ponto de vista consciente é que decide arbitrariamente contra o inconsciente, porque tudo quanto procede do interior do homem é, por preconceito, considerado como algo de inferior ou não inteiramente correto. Mas nos casos aqui mencionados todos os estudiosos são concordes em admitir que os conteúdos aparentemente incompatíveis e ininteligíveis não devem ser recalcados de novo, e que é preciso também aceitar e suportar o conflito. Em um primeiro momento, parece impossível qualquer solução, e este fato deve ser suportado com paciência. A estase assim verificada "constela" o inconsciente – ou, em outras palavras, o

Psicologia e religião oriental

protelamento consciente provoca uma nova reação compensatória no inconsciente. Esta reação, que se manifesta geralmente nos sonhos, é levada, então, ao plano da realização consciente. A consciência se vê, deste modo, confrontada com um novo aspecto da psique, e isto suscita um novo problema, ou modifica inesperadamente os dados do problema já existente. Este modo de proceder dura até o momento em que o conflito original é resolvido de maneira satisfatória. Todo este processo é chamado de "função transcendente"[11]. Trata-se, ao mesmo tempo, de um processo e de um método. A produção de compensações inconscientes é um *processo* espontâneo, ao passo que a realização consciente é um *método*. A função é chamada "transcendente" porque favorece a passagem de uma constituição psíquica para outra, mediante a mútua confrontação dos opostos.

Esta é uma descrição bastante esquemática da função transcendente. Para os detalhes, devo remeter o leitor à bibliografia das notas de rodapé. Mas não pude deixar de chamar a atenção para estas observações e para estes motivos de ordem psicológica, porque eles nos indicam o caminho de acesso àquele espírito com o qual nosso texto se relaciona. Trata-se do espírito gerador de imagens da matriz de todas aquelas formas fundamentais que conferem à apercepção o seu caráter próprio. Estas formas são exclusivas da psique inconsciente. Estas constituem seus elementos estruturais e só elas podem explicar por que é que certos motivos mitológicos surgem com maior ou menor frequência por toda parte, mesmo onde a migração é improvável como via de transmissão. Os sonhos, os fantasmas e as psicoses produzem imagens que se identificam aparentemente, em todos os aspectos, com os motivos mitológicos de que as pessoas implicadas não tinham conhecimento algum, mesmo indiretamente, graças a expressões de uso corrente ou por meio da linguagem simbólica da Bíblia[12].

781

---

11. Cf. as definições em *Tipos psicológicos* [OC, 6], no verbete "símbolo".

12. Muitas pessoas acham que estas afirmações não merecem crédito; mas, ou não conhecem a psicologia do homem primitivo, ou nada sabem a respeito dos resultados das pesquisas psicológicas. Em minha obra *Symbole der Wandlung* (*Símbolos da transformação*), encontram-se observações específicas, como também em *Psychologie und Alchemie* (Psicologia e alquimia), e ainda em NELKEN, J. *Analytische Beobachtungen über Phantasien eines Schizophrenen*, 1912, p. 504s. • SPIELREIN, S. *Über den psychologischen Inhalt eines Falles von Schizophrenie*, 1912, p. 329s. • MEIER, C.A. *Spontanmanifestationen des kollektiven Unbewussten*.

Não há dúvida de que tanto a psicopatologia da esquizofrenia quanto a psicologia do inconsciente revelam a presença de material arcaico. Seja qual for a estrutura do inconsciente, uma coisa é inteiramente certa: ele contém um número determinado de motivos ou formas de caráter arcaico que, no fundo, identificam-se com as ideias fundamentais da mitologia e formas análogas de pensamento.

782 Pelo fato do inconsciente ser a matriz espiritual, ele traz consigo a marca indelével do criador. É o lugar onde se dá o nascimento das formas de pensamento, como o é também o espírito universal, sob o ponto de vista do nosso texto. Como não podemos atribuir uma forma definida ao inconsciente, a afirmação oriental segundo a qual o espírito universal não tem forma, é *arupaloka*, mesmo sendo o lugar de origem de todas as formas, parece justificar-se sob o ponto de vista psicológico. Como as formas do inconsciente não estão ligadas a nenhuma época determinada e, por isso, parecem eternas, causam-nos a impressão singular e única de intemporalidade quando se realizam no plano da consciência. Podemos constatar a mesma coisa na psicologia do primitivo: a palavra australiana *altjira*[13], por exemplo, significa, ao mesmo tempo, "sonho", "país dos espíritos" e "tempo" no qual os seus antepassados vivem e continuarão a viver. É, segundo dizem, o "tempo em que não havia tempo". Isto nos parece uma concretização e projeção manifestas do inconsciente, com todas as suas características – suas manifestações oníricas, suas formas originais de pensamento e sua intemporalidade.

783 Por isso é que uma atitude introvertida, na qual a tônica recai no fator subjetivo (o pano de fundo da consciência) e não no mundo exterior (o mundo da consciência), provoca necessariamente as manifestações características do inconsciente, ou seja, as formas arcaicas de pensamento impregnadas de sentimentos "ancestrais" ou "históricos", e também do sentimento de indeterminação, de intemporalidade e de unidade. O sentimento peculiar de *unidade é* uma experiência típica que ocorre em todas as formas de misticismo e é provável que provenha da contaminação geral dos conteúdos que se fortalecem com a debilitação da consciência reflexa (*abaissement du niveau*

---

13. LÉVY-BRUHL, L. *La Mythologie primitive*, 1935, p. 23s.

Psicologia e religião oriental

29

mental). A mistura quase sem limites das imagens nos sonhos e também nos produtos dos enfermos mentais nos atesta sua origem inconsciente. Ao contrário da distinção e da diferença bem claras das formas no plano da consciência, os conteúdos inconscientes são extremamente indeterminados e é por isso que podem misturar-se com facilidade. Se começássemos a imaginar um estado em que nada fosse claro, certamente perceberíamos o todo como uno. Por isso não é muito improvável que a sensação singular de unidade do conhecimento subliminar do complexo universal derive do inconsciente.

Graças à função transcendente temos não só acesso ao "espírito uno", como aprendemos igualmente a entender as razões pelas quais o Oriente acredita na possibilidade da autolibertação. Parece-me justo falar-se em "autolibertação", se se consegue modificar o estado psíquico mediante a introspecção e a realização consciente das compensações inconscientes e, assim, chegar à solução dos conflitos dolorosos. Mas, como já indiquei acima, não é tão fácil realizar a ambiciosa pretensão de autolibertação, pois as compensações inconscientes não podem ser provocadas voluntariamente; talvez seja preciso esperar que elas sejam produzidas. Também não se pode mudar o caráter peculiar da compensação: *est aut non est* – ela é ou simplesmente te não é. É estranho que a filosofia oriental parece não ter prestado atenção a este fator de suma importância. E é precisamente tal fato que justifica psicologicamente o ponto de vista ocidental. Parece que a psique ocidental tem um conhecimento intuitivo da dependência do homem em relação a um poder obscuro que deve cooperar para que tudo corra bem. Onde e quando o inconsciente não coopera, o homem se vê embaraçado até mesmo em suas atitudes costumeiras. Em tal situação pode tratar-se de uma falha da memória, da ação ou do interesse coordenados, e da concentração; e esta falha pode dar origem a inconvenientes sérios ou eventualmente também a um acidente fatal que pode levar à ruína tanto profissional como moral. Antigamente, em tais casos, os homens diziam que os deuses haviam sido inclementes; hoje falamos de neurose. Sua causa, nós a procuramos na falta de vitaminas, nos distúrbios glandulares ou sexuais, ou no excesso de trabalho. Se cessa de repente a cooperação do inconsciente, o que jamais consideramos como inteiramente natural, então se trata de uma situação gravíssima.

784

785   Comparativamente a outras raças – como, por exemplo, a chinesa – parece que o ponto fraco do europeu é o equilíbrio espiritual ou – para dizê-lo grosseiramente – o cérebro. É compreensível que queiramos distanciar-nos o máximo possível de nossas fraquezas, fato este que explica aquela espécie de extroversão com que se procura dominar o meio ambiente. A extroversão caminha paralelamente à desconfiança em relação ao homem interior, quando, de alguma forma, não nos damos conta dela. Além disto, todos nós tendemos a subestimar aquilo que tememos. Nossa convicção absoluta de que "nihil est in intellectu quod non antea fuerit in sensu" – de que no intelecto não se encontra nada que não tenha sido apreendido, primeiramente, pelos sentidos, que constitui a divisa da extroversão ocidental –, deve ter um fundamento semelhante. Mas, como frisamos anteriormente, esta extroversão se justifica psicologicamente pela razão essencial de que a compensação inconsciente escapa ao controle humano. Sei que a ioga se orgulha de poder controlar até mesmo os processos inconscientes, de sorte que nada há na psique que não seja dirigido por uma consciência suprema. Não duvido, absolutamente, de que um tal estado seja mais ou menos possível, mas só com uma condição: de que o indivíduo se identifique com o inconsciente. Esta identidade é o equivalente oriental de nossa idolatria ocidental da objetividade absoluta, da orientação maquinal para um determinado fim, para uma ideia ou objeto, mesmo com o risco de perder todo o vestígio de vida interior. Do ponto de vista oriental esta objetividade é apavorante, é sinônimo da identidade completa com o samsâra; para o Ocidente, pelo contrário, o samâdhi outra coisa não é senão um estado onírico sem importância. No Oriente o homem interior sempre exerceu sobre o homem exterior um poder de tal natureza que o mundo nunca teve oportunidade de separá-lo de suas raízes profundas. No Ocidente, pelo contrário, o homem exterior sempre esteve de tal modo no primeiro plano, que se alienou de sua essência mais íntima. O espírito único, a unidade, a indeterminação e a eternidade se achavam sempre unidas no Deus uno. O homem tornou-se pequeno, um nada, e fundamentalmente sempre num estado de má consciência.

786   Creio que através de minha exposição tornou-se claro que estes dois pontos de vista, embora se contradigam mutuamente, têm um fundamento psicológico. Ambos são unilaterais, porque não levam

em conta os fatores que não se ajustam à sua atitude típica. O primeiro subestima o mundo da consciência reflexa; o segundo, o mundo do espírito uno. O resultado é que ambos, com sua atitude extrema, perdem metade do universo; sua vida se acha separada da realidade total, tornando-se facilmente artificial e desumana. O Ocidente tem a mania da "objetividade", seja a atitude ascética do cientista ou a atitude do corretor de Bolsa que esbanja a beleza e a universalidade da vida em troca de um objetivo mais ou menos ideal. No Oriente o que se procura é a sabedoria, a paz, o desprendimento e imobilidade de uma psique que foi conduzida de volta às suas origens obscuras, e deixou para trás todas as preocupações e alegrias da vida, tal como ela é e provavelmente será. Não é de admirar que esta unilateralidade, em ambos os lados, assuma formas muito semelhantes às do monaquismo. É ela que garante ao eremita, ao homem santo, ao monge ou ao cientista uma concentração tranquila e sem distúrbios sobre um determinado objetivo. Nada tenho a objetar contra semelhante unilateralidade. É evidente que o homem, o grande experimento da natureza ou seu próprio grande experimento, acha-se autorizado a semelhantes empreendimentos, se for capaz de os suportar. Sem unilateralidade, o espírito humano não poderia desenvolver-se em seu caráter diferenciado. Mas creio que não faz mal tentarmos compreender ambos os lados.

A tendência extrovertida do Ocidente e a tendência introvertida do Oriente possuem um objetivo comum muito importante: ambos fazem esforços desesperados por vencer aquilo que a vida tem de natural. É a afirmação do espírito sobre a matéria, o *opus contra naturam*, indício da juventude do homem, que se delicia toda a sua vida a usar da mais poderosa das armas jamais inventadas pela natureza: o espírito consciente. O entardecer da humanidade, que se situa ainda num futuro longínquo, pode suscitar um ideal diferente. Com o passar do tempo talvez nem sequer se sonhe mais com conquistas.

2. Comentário ao texto

Antes de entrarmos no comentário propriamente dito, eu gostaria de chamar a atenção do leitor para a diferença profunda e essencial que existe entre o caráter de uma dissertação psicológica e o de um texto sagrado. Um cientista se esquece com demasiada facilidade que a maneira objetiva de tratar um tema pode ferir seus valores emocionais em proporção indesculpável. O intelecto científico é desumano e nem pode permitir-se o privilégio de ser diferente. Consequentemente é inevitável que se torne insensível e sem consideração, mesmo quando baseado em motivos positivos. O psicólogo que estuda um texto sagrado pelo menos deve ter a consciência de que tal matéria representa um valor religioso e filosófico inestimável que não deveria ser violado por mãos profanas. Confesso que só me atrevo a analisar um texto como este porque conheço e aprecio o seu valor. Neste comentário não tenho absolutamente a intenção de decompor o texto com uma crítica maciça. Esforçar-me-ei, pelo contrário, em *ampliar* sua linguagem simbólica para torná-la acessível à nossa compreensão. Por isto, devo colocar os sublimes conceitos metafísicos em um plano a partir do qual possamos ver se os fatos psicológicos conhecidos por nós, de qualquer tipo que sejam, têm similares na esfera do pensamento oriental, ou pelo menos se aproximam dela. Espero que este procedimento não seja interpretado erroneamente como uma tentativa de diminuir ou banalizar as coisas. Minha intenção é a de trazer ideias estranhas ao nosso próprio modo de pensar para o âmbito da experiência psicológica do Ocidente.

789   O que agora se segue representa uma série de notas e comentários que, a rigor, deveriam ser lidos ao mesmo tempo que os textos parciais correspondentes.

O respeito

790   Os textos orientais começam, em geral, com uma afirmação que nos escritos ocidentais viriam no fim, como a *conclusio finalis* de uma longa demonstração. Nós começamos, de preferência, com fatos aceitos e universalmente reconhecidos, e terminamos com o objetivo mais importante de nossa inquirição. Por isso, nosso estudo terminaria com a seguinte frase: "O Tri-Kâya é, portanto, o próprio espírito totalmente iluminado". Sob este aspecto, a mentalidade oriental não se diferencia muito da nossa mentalidade medieval. Em pleno século XVIII nossos livros de história ou de ciências naturais começavam ainda lembrando o desígnio de Deus de criar um mundo. A ideia de um espírito universal acha-se universalmente difundida no Orien-

Psicologia e religião oriental 33

te, pois exprime com muita pureza o temperamento introvertido do oriental. Traduzida em linguagem psicológica, a afirmação acima poderia ser parafraseada do seguinte modo: O inconsciente é a raiz de todas as experiências da unidade (dharma-kâya); é a matriz de todas as formas arquetípicas ou naturais (sambhoga-kâya) e a *conditio sine qua non* do mundo das manifestações exteriores (nirmâna-kâya).

O prefácio

Os deuses são formas arquetípicas de pensamento que pertencem ao sambhoga-kâya[14]. Seus aspectos pacíficos e coléricos, que desempenham papel de grande relevo no *Livro Tibetano dos Mortos*, simbolizam os contrários: no nirmâna-kâya estes contrários nada mais são do que os conflitos humanos, mas no sambhoga-kâya eles designam os princípios positivos e negativos que se acham unidos em uma só e mesma figura. Isso corresponde à experiência psicológica tal como se acha formulada também no *Tao Te King* de Lao-Tsé, ou seja, que não há posição que não tenha a sua negação. Onde existe a fé, também existe a dúvida; e onde se acha a dúvida, também está a credulidade; onde está a moralidade, está também a tentação. Só os santos têm visões diabólicas, e só os tiranos são escravos de seus criados de quarto. Se examinarmos cuidadosamente nosso próprio caráter, chegaremos inexoravelmente à descoberta de que o "alto se eleva sobre o baixo", tal como diz Lao-Tsé. O significado disto é que os opostos se condicionam reciprocamente e que, no fundo, constituem uma só e mesma coisa. É isto o que vemos nas pessoas portadoras de um complexo de inferioridade: elas alimentam ainda uma pequena megalomania em algum desvão de seu ser. O fato de os opostos aparecerem como deuses provém da simples constatação de que são muito poderosos. Por esta razão a filosofia chinesa os explica a modo de princípios cósmicos, aos quais chama de *yang* e *yin*. Quanto mais se pretende separar os opostos, tanto maior se torna seu poder. "Se uma árvore cresce até o céu, suas raízes se projetam até o inferno", diz Nietzsche. E, no entanto, é sempre a mesma árvore, tanto em cima como embaixo. Uma das características da mentalidade ocidental é que ela considera os dois aspectos como personificações antagô-

791

---

14. Cf. Shrî-Chakra-Sambhâra Tantra. In: AVALON, A. *Tantrilk Texts*, VII.

nicas: Deus e o diabo. E, analogamente, uma das características do otimismo jovial dos protestantes é o fato de o diabo ser camuflado com muito tato em qualquer caso, pelo menos num passado mais recente. *Omne bonum a Deo, omne malum ab homine*, é a conclusão desagradável e incômoda.

792   A "visão da verdade" se relaciona com o espírito enquanto realidade suprema. No Ocidente, ao invés, o inconsciente é encarado como uma fantasia do irreal. "Conhecer o espírito" significa autolibertar-se. Psicologicamente falando, isto indica que quanto mais importância atribuímos ao processo inconsciente, tanto mais nos separamos do mundo dos apetites e dos opostos distintos, e mais nos aproximamos do estado de inconsciência que se caracteriza pela unidade, indeterminação e intemporalidade. Trata-se provavelmente de uma libertação do si-mesmo de seu enredamento nas malhas do sofrimento e das lutas. "Este método do nos ajuda a compreender o próprio espírito". Evidentemente, neste contexto, por "espírito" se entende o espírito do indivíduo, isto é, sua psique. A psicologia pode concordar com tudo isto, porque a compreensão do inconsciente constitui uma de suas tarefas.

Saudação ao espírito único

793   Esta seção nos mostra claramente que o espírito único é o inconsciente, porque é caracterizado como "eterno, desconhecido, não visível, incognoscível". Mas ela fala também de traços que correspondem à experiência oriental. São os atributos "sempre claro, eternamente existente, irradiante e sem sombra". Quanto mais o indivíduo se concentra em torno de seus conteúdos inconscientes, tanto mais carregados de energia eles se tornam; este é um fato psicológico indiscutível. Tais conteúdos são vivificados, iluminados como que a partir de dentro e por assim dizer convertidos numa espécie de realidade substitutiva. Na psicologia analítica nós nos utilizamos metodologicamente deste fenômeno. Denominei a este método de "imaginação ativa". Inácio de Loyola utilizou-se também da imaginação ativa em seus *Exercícios*. Há indícios seguros de que a filosofia alquimista faz emprego de semelhante processo[15].

---

15. Cf. *Psicologia e alquimia*, terceira parte [OC, 12].

As consequências do desconhecimento do espírito único

"O conhecimento do assim chamado espírito acha-se largamente difundido". Esta afirmação se refere evidentemente ao espírito consciente do homem, em oposição ao espírito único, que é desconhecido, isto é, inconsciente. "Estas doutrinas são procuradas por pessoas comuns que não se conhecem a si mesmas, pelo fato de desconhecerem o espírito único". O autoconhecimento é decididamente identificado, aqui, com o "conhecimento do espírito único", o que quer dizer que o conhecimento do inconsciente é necessário para que se possa compreender a própria psicologia. A necessidade de um tal conhecimento é abundantemente reconhecida no Ocidente, como nos mostram o desenvolvimento da psicologia em nossa época e o interesse crescente por estas coisas. A necessidade generalizada de um maior conhecimento psicológico do homem se origina principalmente do sofrimento ocasionado pelo abandono da religião e pela falta de direção espiritual. "Eles vagueiam sem rumo e sofrem privações". Como sabemos o que uma neurose pode trazer consigo de sofrimento moral, esta experiência não precisa ser comentada. Esta seção expressa as razões pelas quais em nossos dias temos uma psicologia do inconsciente. **794**

Mesmo quando se deseja "conhecer o espírito tal como é, não se consegue". O texto ressalta, mais uma vez, como é difícil encontrar um caminho de acesso às bases do espírito, pois estas são inconscientes. **795**

Os frutos dos desejos

Aqueles que estão "presos aos seus apetites não podem apreender a clara luz". A expressão "clara luz" se refere, de novo, ao espírito único. Os desejos reclamam a sua satisfação exterior. Eles forjam as cadeias que prendem o homem ao mundo consciente. Neste estado o indivíduo não pode, naturalmente, perceber os seus conteúdos inconscientes. O retraimento do mundo consciente tem um efeito terapêutico, mas a partir de um certo momento, que varia de indivíduo para indivíduo, este retraimento pode significar também negligência e recalque. **796**

Até mesmo a "senda média" acaba por "ser obscurecida pelos apetites". Eis aqui uma grande verdade que nunca será repetida suficientemente aos ouvidos de um europeu. Quando os pacientes, ou **797** mesmo as pessoas normais, tomam conhecimento de seu material inconsciente, atiram-se a ele com o mesmo apetite e cupidez desenfreados que os lançaram anteriormente na extroversão. O problema não consiste tanto em retrair-se aos objetos dos desejos quanto numa atitude de desligamento em relação ao desejo como tal, pouco importando qual seja o seu objeto. Não podemos forçar a compensação inconsciente, com a violência dos desejos incontrolados. É preciso esperarmos pacientemente para ver se ela surge espontaneamente, e só podemos recebê-la tal qual se apresenta a nós. Assim, somos obrigados a assumir uma atitude contemplativa que não raramente produz um efeito libertador e terapêutico.

A unificação transcendente

798 "Como na realidade não existe dualidade, a multiplicidade é uma ilusão." Esta é, seguramente, uma das verdades fundamentais do Oriente. Não há opostos – a árvore é sempre a mesma, tanto em cima como embaixo. A *Tabula Smaragdina* afirma: *Quod est inferius, est sicut quod est superius. Et quod est superius, est sicut quod est inferius, ad perpetranda miracula rei unius*[16]. A multiplicidade é decididamente ilusória quando se sabe que todas as formas singulares provêm da unidade indistinguível da matriz psíquica que se situa nas camadas profundas do inconsciente. Psicologicamente, as palavras do nosso texto se referem ao fator subjetivo, ou seja, ao material constelado diretamente por um estímulo, isto é, a primeira impressão que interpreta cada nova percepção no sentido das "experiências anteriores". A "experiência anterior" remonta aos instintos e, consequentemente, às formas herdadas e intrínsecas do comportamento psíquico, às leis ancestrais e "externas" do espírito humano. Mas o referido enunciado ignora por completo a realidade transcendente possível do mundo físico como tal, problema desconhecido na filosofia da Sankhya, onde prakrti e purusha – enquanto polarização do ser universal – constituem um dualismo cósmico que dificilmente se pode evitar. Quem

---

16. (O que está embaixo é como o que está em cima, o que está em cima é como o que está embaixo, para que se realize o milagre do uno). Cf. RUSKA. *Tabula Smaragdina*, p. 2.

Psicologia e religião oriental 37

procura identificar-se com a origem monística da vida, deve fechar os olhos tanto para o dualismo como para o pluralismo e esquecer-se de que existe um mundo. Naturalmente levanta-se aqui a questão: Por que o uno deverá aparecer distribuído em muitos, numa multiplicidade, se a realidade última é uma unidade universal? O que dá origem ao múltiplo ou à ilusão da multiplicidade? Se o uno se compraz em si próprio, por que deverá se refletir em muitos? Que é mais real: o uno que se espelha, ou o espelho que é usado? Creio que não deveríamos colocar tais questões, uma vez que não há respostas para elas.

Psicologicamente falando, é correto dizer que se alcança a união 799 quando o indivíduo se retrai do mundo da consciência reflexa. Não há mais tormentas na estratosfera do inconsciente, porque aí nada se acha diferenciado a ponto de ser capaz de provocar tensões e conflitos. Estas tensões e conflitos fazem parte da superfície de nossa realidade.

A rigor, o espírito, no qual os dois elementos incompatíveis – sam- 800 sâra e nirvana – acham-se, é o nosso próprio espírito. Esta constatação deriva de uma modéstia profunda ou de uma *hybris* (orgulho) ousada? Isto quer dizer que o espírito "nada mais é do que" o nosso próprio espírito, ou seja, que nosso espírito é o *Espírito?* Não há dúvida de que se trata deste último, e do ponto de vista oriental não há *hybris* alguma. Pelo contrário, trata-se de uma verdade inteiramente aceitável, ao passo que entre nós, ocidentais, seria o mesmo que dizer: "Sou Deus". Estamos diante de uma experiência "mística" inegável, embora esta pareça discutível para o homem ocidental. No Oriente, no entanto, onde ela provém de uma mentalidade que não perdeu sua vinculação com as bases instintivas, é vista de forma inteiramente diversa. A atitude introvertida do Oriente não permite que o mundo dos sentidos interrompa sua ligação vital com o inconsciente. A realidade psíquica nunca foi seriamente posta em dúvida, apesar da existência das assim denominadas especulações materialistas. O único caso análogo que se conhece é o do estado mental do homem primitivo que mistura sonho e realidade de um modo espantoso. Hesitamos, naturalmente, em dizer que a mentalidade oriental é primitiva; pelo contrário, impressionamo-nos profundamente pelo seu caráter notavelmente civilizado e diferenciado. E, no entanto, ela se radica no espírito primitivo; isto é particularmente verdadeiro no que concerne àquele aspecto que põe a tônica na validade de certos fenômenos psíquicos, como sejam os espíritos e os fantasmas. O Ocidente cultivou simplesmente o outro aspecto da primitividade, qual seja, a *observação exatíssima da natureza*, *com sacrifício da abstração*. Nossas Ciências Naturais se desenvolvem à base da espantosa capacidade de observação do homem primitivo. Nós nos utilizamos muito pouco da abstração, com medo de que os fatos nos contradigam. O Oriente, pelo contrário, cultiva o aspecto psíquico da primitividade, juntamente com uma fortíssima dose de abstração. Os fatos nos oferecem histórias excelentes, mas não muito mais do que isto.

801   Portanto, quando o Oriente afirma que o espírito é inerente a cada homem, não há nesta afirmação mais hybris ou modéstia do que na crença europeia nos espíritos que, em essência, apoia-se nas experiências do homem e, muitas vezes, unicamente na própria interpretação. Por isso, com razão, ele teme uma excessiva abstração.

A grande autolibertação

802   Lembrei mais de uma vez que o deslocamento do sentimento da personalidade para as esferas menos conscientes tem um efeito libertador. Descrevi acima a função transcendente que provoca a alteração total da personalidade, acentuando a importância da compensação espontânea e inconsciente. Indiquei, igualmente, a negligência deste fato na ioga. A presente seção parece confirmar minhas observações. Parece que a essência da "autolibertação" consiste na apreensão de "toda a essência" destes ensinamentos. O homem ocidental conceberia este fato da seguinte maneira: "Aprende bem tua tarefa, repete-a em seguida, e te libertarás". É isto o que acontece, precisamente, as mais das vezes com os europeus que praticam a ioga. Eles tendem a fazê-lo de forma extrovertida, esquecendo-se de orientar o seu espírito para dentro, o que é essencial nesta doutrina. No Oriente, as verdades fazem parte de tal modo da consciência coletiva que os discípulos podem entendê-las pelo menos de forma intuitiva. Se o europeu pudesse orientar o seu interior para fora e viver como um oriental, com todos os compromissos sociais, morais, religiosos, intelectuais e estéticos que um tal método implica, então talvez pudesse tirar proveito dessa doutrina. Mas é impossível

Psicologia e religião oriental

ser um bom cristão na fé, na moral e no desempenho intelectual e, ao mesmo tempo, praticar honestamente a ioga. Tive ocasião de ver inúmeros casos que me deixaram profundamente cético quanto a isto. Ou seja: o homem ocidental não é capaz de se desligar tão facilmente de sua história, como sua memória de pernas curtas. Ele possui esta história como que no sangue. Não aconselharia ninguém a ocupar-se com a ioga sem uma cuidadosa análise de suas reações inconscientes. Que sentido tem imitar a ioga, se o lado obscuro do homem continua tão cristão e medieval quanto antes? Se alguém consegue passar o resto de sua vida em cima de uma pele de gazela, debaixo de uma Árvore de Bodhi[16a] ou na cela de um Gompa, sem preocupar-se com política ou com a perda de suas economias, seu caso poderá ser considerado favoravelmente. Mas praticar ioga em Mayfair ou na Fifth Avenue ou em outro lugar qualquer ao alcance do telefone é uma mentira espiritual.

Se observarmos a armadura espiritual do homem oriental, podemos concluir que sua doutrina é eficaz. Mas quando não se está disposto a retrair-se do mundo e a desaparecer para sempre no inconsciente, meras doutrinas não surtem efeito algum, ou pelo menos o efeito desejado. Para isto é necessário a união dos contrários e, de um modo particular, a difícil tarefa de ligar a extroversão à introversão com a ajuda da função transcendente.

803

A natureza do espírito

A presente seção nos fornece preciosas informações. Assim diz o texto: "O espírito possui uma sabedoria intuitiva (*quick knowing*)". "Espírito", aqui, é entendido como percepção direta da "primeira impressão" que nos transmite a soma de todas as experiências anteriores baseadas nos fundamentos intuitivos. Isso vem confirmar nossas observações acerca do preconceito essencialmente introvertido do Oriente. A fórmula acima chama também a nossa atenção para o caráter altamente diferenciado da intuição oriental. Reconhece-se o es-

804

16a. O autor se refere à Figueira Sagrada (*Ficus Religiosa*) ou pipal, sob a qual Buda experimentou o conhecimento redentor (bodhi). Daí ser chamada de Árvore de Bodhi ou Árvore da Sabedoria [N.T.].

pírito intuitivo pela circunstância de não observar os fatos, mas sobretudo as possibilidades[17].

805   A afirmação de que o espírito "não tem existência" refere-se manifestamente à "potencialidade" própria do inconsciente. Parece que uma coisa só existe na medida em que temos consciência dela, daí a razão pela qual tantas pessoas não querem acreditar na existência de um inconsciente. Quando digo a um de meus pacientes que ele está cheio de fantasmas, ele fica sobremaneira espantado. Isto significa que ele não tem a mínima noção de levar uma vida de fantasias.

Os nomes dados ao espírito

806   Os diversos termos empregados para exprimir uma ideia "difícil" ou "obscura" constituem uma preciosa fonte de informações sobre o modo pelo qual uma ideia pode ser interpretada. Mostra-nos também até que ponto a ideia apresenta um caráter duvidoso e contraditório, mesmo no país, na religião e na filosofia em que surgiu. Se uma ideia fosse inteiramente inequívoca e universalmente aceita, não haveria a necessidade de designá-la com nomes diferentes. Mas quando uma delas é pouco reconhecida ou equívoca, pode ser encarada sob diversos ângulos e, neste caso, usa-se uma série de nomes para exprimir sua natureza particular. Um exemplo clássico a esse respeito é a pedra dos sábios (a pedra filosofal): muitos dos antigos tratados da alquimia contêm longas listas de seus diversos nomes.

807   A afirmação de que "são incontáveis os nomes dados a ele (ao espírito)" mostra-nos que ele é algo de tão vago e indeterminado como a pedra dos sábios. Um espírito que pode ser descrito de inúmeras maneiras provavelmente terá também outras tantas qualidades ou facetas. Se estas, portanto, são incontáveis, não podem ser enumeradas, e por isso é quase impossível descrever e apreender a sua essência. *Ela nunca pode tornar-se realidade.* Isto se aplica também ao inconsciente e constitui uma prova de que o "espírito" equivale ao inconsciente (especialmente à noção do inconsciente coletivo).

808   Em consonância com esta hipótese, diz-nos ainda o texto que o espírito é chamado de "si-mesmo espiritual". O "si-mesmo" é uma noção importante na psicologia analítica, a respeito do qual muita coisa

---

17. Cf. a definição de "irracional" em *Tipos psicológicos* [OC, 6].

Psicologia e religião oriental

já foi dita e que não é preciso repetir aqui. Remeto o leitor à bibliografia indicada abaixo[18]. Embora os símbolos do si-mesmo sejam produzidos por uma atividade inconsciente e se manifestem, antes de tudo, nos sonhos[19], os fatos que compreendem não são apenas de natureza psíquica. Encerram também aspectos da existência física. No texto anterior, como também em outros textos orientais, o si-mesmo representa uma ideia puramente espiritual; na psicologia ocidental, pelo contrário, o si-mesmo expressa uma totalidade que abrange os instintos, os fenômenos fisiológicos e semifisiológicos. Para nós, uma realidade puramente espiritual é inconcebível, pelas razões acima indicadas[20].

É interessante constatar que no Oriente também existem "heréticos" que identificam o si-mesmo com o eu[21]. Entre nós, esta "heresia" é bastante difundida e sustentada por todos aqueles que se acham firmemente convencidos de que a consciência é a única forma de vida psíquica.   809

O espírito entendido como "instrumento para se atingir a outra margem" indica uma ligação entre a função transcendente e a ideia de espírito ou de si-mesmo. Como a natureza incognoscível do espírito, isto é, do inconsciente, sempre se apresenta à consciência sob a forma de símbolos – o si-mesmo é um destes símbolos –, o símbolo funciona como "instrumento para atingir a outra margem", ou, dito em outras palavras, é um instrumento de transformação. Em meu artigo sobre a energia psíquica, eu disse que o símbolo atua como um transformador de energia[22].   810

Minha interpretação do espírito ou do si-mesmo como símbolo não é arbitrária. O próprio texto dele fala como de um grande símbolo.   811

Digno de nota também é o fato de que o nosso texto reconhece a "potência" da inconsciência, tal como se acha expressa acima, chamando-a de o "único sêmen" e "potência da verdade".   812

---

18. Cf. a definição de "si-mesmo" em *Tipos psicológicos*; cf. tb. *Psicologia e alquimia*, segunda parte; *Aion*.

19. Um caso semelhante acha-se descrito em *Psicologia e alquimia*, segunda parte [OC, 12].

20. Não se trata de uma crítica ao ponto de vista oriental *in toto:* segundo o *Amitâyurdhyâna Sûtra*, o corpo de Buda está compreendido também na meditação.

21. Cf., por exemplo, *Chandogya Upanishad*, VIII, 8.

22. *Über psychische Energetik und das Wesen der Träume*, 1948, p. 80.

813   A função de matriz exercida pelo inconsciente aparece com clareza e destaque na denominação de "fundamento universal" que lhe é dada.

Intemporalidade do espírito

814   Já expliquei esta intemporalidade como sendo uma qualidade específica da experiência do inconsciente coletivo. Parece que o exercício da "ioga da autolibertação" reintegra na consciência todos os conhecimentos esquecidos do passado. O tema da ἀποχατάστασις (restabelecimento) aparece em muitos dos mistérios de redenção e é também um aspecto importante da psicologia do inconsciente que nos revela uma quantidade imensa de material arcaico nos sonhos e nas fantasias espontâneas de pessoas normais, e também de doentes mentais. Na análise sistemática de um indivíduo, o redespertar espontâneo das formas ancestrais provoca um restabelecimento (como uma espécie de compensação). É um fato também que os sonhos prenunciadores são mais ou menos frequentes, vendo-se, por aí, o que o texto entende por "conhecimento do futuro".

815   É muito difícil saber o que significa o "tempo próprio" do espírito. Do ponto de vista psicológico, devemos nos declarar de acordo, nesta questão, com o comentário do Dr. Evans-Wentz[23]. Não há dúvida de que o inconsciente tem seu "próprio tempo", pois nele se acham misturados o passado, o presente e o futuro. Sonhos como os descritos por J.W. Dunne[24] – que ele sonhara na noite precedente o que logicamente só seria sonhado na noite seguinte – não são raros.

O espírito no seu verdadeiro estado

816   Esta seção descreve o estado da consciência desligada[25] que corresponde a uma experiência psíquica muito frequente no Oriente.

---

23. Cf. *Das tibetische Buch der grossen Befreiung* (*O Livro Tibetano da Grande Libertação*), p. 65s.

24. *An Experiment with Time* (Cf. JUNG, C.G. *Synchronizität als ein Prinzip akausaler Zusammenhänge*, 1952, p. 28s.).

25. Descrevi-o em meu comentário ao *Das Geheimnis der goldenen Blüte*, 1957, p. 19s. (*O segredo da flor de ouro*).

Psicologia e religião oriental

Encontramos semelhantes descrições na literatura chinesa, como, por exemplo, no *Hui Ming Ch'ing*[26].

"Um esplendor de luz circunda o mundo do espírito.
Cada um se esquece do outro, quieto e puro, totalmente poderoso e vazio.
O vazio é iluminado pelo fulgor do coração do céu.
A água do mar é lisa e reflete a lua em sua superfície.
As nuvens se dissipam no espaço azul.
As montanhas brilham claras.
A consciência se dissolve na contemplação.
O disco da lua repousa solitário"[27].

A constatação de que "o próprio espírito é inseparável de outros espíritos" é outra maneira de exprimir o fato do complexo universal. Como todas as diferenças desaparecem no estado inconsciente, nada mais lógico que desapareça também a distinção psíquica entre os indivíduos particulares. Sempre que ocorre um "abaissement du niveau mental", deparamos com casos de identidade inconsciente[28] ou de "participação *mystique*", nome dado por Lévy-Bruhl a este estado[29]. A realização do espírito único é, como diz o texto, a "união do Tri-kâya [Três corpos de Buda]". E, de fato, ela produz uma unificação. Mas não somos capazes de conceber como uma tal realização possa ser completa em qualquer ser humano. É preciso que haja sempre alguém para presenciar esta realização e dizer: "Conheço a unificação; sei que

817

---

26. *Chinesische Blätter*. Org. por R. Wilhelm, vol. I, n. 3.

27. Citação extraída de WILHELM, R. & JUNG, C.G. *Das Geheimnis der goldenen Blüte*. Op. cit., p. 48.

28. *Tipos psicológicos*, definição de "identidade" [OC, 6].

29. Há pouco tempo não só este conceito como também o de "état prélogique" foram severamente criticados pelos etnólogos, e o próprio Lévy-Bruhl nos últimos anos de sua vida chegou a duvidar da sua validade. Antes de tudo suprimiu o adjetivo *mystique*, porque temia a má reputação deste termo em certos círculos intelectuais. É lamentável que tenha feito semelhante concessão à superstição racionalista, pois *mystique* é precisamente a palavra exata para caracterizar a qualidade particular da "identidade inconsciente". Existe sempre algo de numinoso. A identidade inconsciente é um fenômeno psicológico e psicopatológico amplamente conhecido (identidade com pessoas, coisas, funções, papéis, profissões de fé etc.). Entre os primitivos este fenômeno é apenas alguns graus mais acentuado do que no homem civilizado. Lévy-Bruhl infelizmente não possuía conhecimentos de psicologia e, por isso, não se dava conta deste fato, e seus adversários o ignoram.

não existe diferença alguma". É justamente o fato desta realização que mostra o seu caráter defectível inevitável. Uma pessoa não pode conhecer o que não se distingue dela. Mesmo que eu diga: "Conheço-me a mim próprio", restará um eu infinitesimal – o eu cognoscente – que sempre se distingue de "mim mesmo". Embora este ego – não maior do que um átomo – seja totalmente ignorado pelo ponto de vista essencialmente não dualista do Oriente, nele está contido o universo com toda a sua multiplicidade e sua realidade indissolúvel.

818   A experiência da "unificação" é um exemplo das ideias "fulminantes" (quick knowing) do Oriente, uma intuição de como seríamos se pudéssemos ser e não ser ao mesmo tempo. Se eu fosse maometano, diria que o poder do Todo-Misericordioso é infinito e que só ele é capaz de fazer com que o indivíduo seja e não seja ao mesmo tempo. Mas, por mim mesmo, não posso ver como tal coisa seja possível. Por isso sou de opinião que a intuição ultrapassou seus próprios limites neste ponto.

O espírito é incriado

819   Esta seção acentua que não se pode dizer com certeza que o espírito foi criado, porque ele não tem qualidades definidas. Em tal caso seria ilógico afirmar que foi criado, pois tal qualificativo já seria uma propriedade. Na verdade, não se podem fazer afirmações a respeito do que é indefinido, sem qualidades e totalmente incognoscível. É justamente por isso que a psicologia ocidental não fala do espírito único, mas do inconsciente, por ela considerado como uma coisa-em-si, um númeno, "um conceito-limite puramente negativo", para usarmos a terminologia de Kant.[30] Fomos censurados por fazer uso desta expressão negativa, mas infelizmente a honestidade intelectual não me permite recorrer a uma denominação positiva.

A ioga da contemplação interior

820   Se houvesse ainda alguma dúvida quanto à identidade do espírito único com o inconsciente, esta seção a dissiparia. "Como o espíri-

---

30. Cf. KANT, I. *Die Kritik der reinen Vernunft* (*A crítica da razão pura*), segunda parte, 1, 2, 3.

Psicologia e religião oriental   45

to único provém do vazio e não tem fundamentos, o espírito pessoal é vazio como o céu". O espírito único e o espírito individual são igualmente vazios. Esta constatação só pode referir-se ao inconsciente coletivo e ao inconsciente pessoal, pois o intelecto consciente jamais é "vazio" em qualquer circunstância que seja.

Como disse anteriormente, o intelecto oriental atribui uma importância particular ao fator subjetivo e, de modo especial, à "primeira impressão" intuitiva ou à disposição psíquica. Este fato é sublinhado pela frase: "Todas as manifestações são, na realidade, nossas próprias representações, surgidas espontaneamente no espírito".   821

O Dharma em Ti

O Dharma, isto é, lei, verdade, direção, não pode existir "senão no espírito". Atribui-se, assim, ao inconsciente todas aquelas virtudes que o Ocidente atribui a Deus. A função transcendente nos mostra, ao invés, que o Oriente tem razão quando acha que a experiência complexa do Dharma provém do "interior", isto é, do inconsciente; mostra-nos igualmente que o fenômeno da compensação espontânea, que escapa do controle humano, está plenamente de acordo com a expressão "graça" ou "vontade de Deus".   822

Esta seção e a precedente acentuam, mais uma vez, que a introspecção é a única fonte de informação e de direção espirituais. Se a introspecção fosse algo de patológico, como acreditam certas pessoas do Ocidente, praticamente deveríamos mandar para o manicômio todo o Oriente ou, por certo, aquelas parcelas de sua população que ainda não foram contaminadas pelos benefícios do Ocidente.   823

Grandeza destas doutrinas

Esta seção chama ao espírito de "sabedoria natural". Trata-se, no fundo, quase da mesma expressão que utilizo para designar os símbolos produzidos pelo inconsciente. Chamo-os de "símbolos naturais".[31] Escolhi esta expressão antes de ter conhecido o presente texto.   824

---

31. Cf. o primeiro trabalho deste volume, cap. 2 e 3.

Menciono tal fato para ilustrar o paralelismo que existe entre as descobertas da psicologia oriental e da psicologia ocidental.

825   O texto confirma também o que dissemos anteriormente sobre a ausência de um "eu cognoscente". "Embora seja uma realidade perfeita, ninguém consegue vê-la. Isto é maravilhoso". É realmente maravilhoso e incompreensível, pois como pode uma coisa desta *tornar-se realidade* algum dia, no verdadeiro sentido da palavra? Livre da mácula do mal e "não associada ao bem". Isto nos lembra as palavras de Nietzsche: "seiscentos pés para lá do bem e do mal". Mas as consequências de uma afirmação como esta em geral são ignoradas pelos adeptos da sabedoria oriental. Podemos admirar esta sublime indiferença moral, enquanto estamos instalados em nossas casas, certos dos favores dos deuses. Mas acaso podemos conciliar uma tal atitude com o nosso temperamento e a nossa história que aqui não entram em linha de conta? Acredito que não. Todos quantos se dedicam à ioga deverão dar provas de sua indiferença moral, não só na posição de quem pratica o mal, mas até mesmo, e em muito maior proporção, na posição de quem o sofre. Como bem sabem os psicólogos, o conflito moral não pode ser resolvido simplesmente com uma declaração de superioridade que toca as raias da desumanidade. Presenciamos, em nossos dias, os exemplos apavorantes do que seja a superioridade do super-homem em relação aos princípios morais.

826   Mas duvido que a libertação oriental, tanto do vício como da virtude, esteja ligada a uma substituição, sob todos os aspectos, de forma que o iogue seja conduzido, para além deste mundo, a um estado de inofensividade tanto ativo como passivo. Mas suspeito de que qualquer tentativa de desligamento por parte do europeu signifique unicamente a libertação das considerações morais. Por isto, quem quer que se inicie na ioga, deverá estar consciente das amplas e profundas consequências de sua atitude, senão sua aventura espiritual resultará em mero passatempo sem sentido.

A grande senda quádrupla

827   Diz o texto: "Esta meditação é livre de concentração mental". Admite-se, em geral, que a ioga consiste principalmente em uma concentração mental. Julgamos saber o que significa concentração, mas é

Psicologia e religião oriental   47

muito difícil chegar a uma ideia real da concentração oriental. Pode acontecer que o tipo de concentração praticado entre nós seja precisamente o oposto da oriental, como bem o demonstram os estudos sobre o budismo Zen[32]. Se, porém, tomarmos a expressão "livre de concentração mental" ao pé da letra, o seu único significado possível é que a meditação não está orientada para coisa alguma. Se não tem um centro, é mais uma dissolução da consciência e portanto uma aproximação do estado inconsciente. A consciência reflexa pressupõe sempre um certo grau de concentração sem o qual não existirá clareza alguma, nem consciência reflexa de qualquer espécie. Uma meditação sem concentração seria um estado de vigília, mas vazio, que toca os limites do entorpecimento. Como o nosso texto considera este estado como a mais excelente forma de meditação, não resta senão admitir que existe um tipo menos excelente de meditação que se caracteriza por um maior grau de concentração. Parece que a meditação mencionada em nosso texto é uma espécie de estrada real que conduz ao inconsciente.

A Grande Luz

Na maioria das formas de misticismo a experiência mística central aparece simbolizada, com justeza, pela luz. É estranhamente paradoxal que o aproximar-se de uma região que parece um caminho que nos leva à escuridão tenha por resultado a luz da iluminação. Mas trata-se aqui da usual enantiodromia *per tenebras ad lucem* (à luz através das trevas). Em muitas das cerimônias de iniciação[33], efetua-se uma χατάβασις εἰς ἄντρον (uma descida à caverna), um mergulho nas profundezas da água batismal ou uma volta ao seio materno onde se dará o novo nascimento. O símbolo do novo nascimento descreve tão somente a união dos contrários – consciente e inconsciente – mediante analogias de caráter concretista. Qualquer simbolismo do novo nascimento tem como base a função transcendente. Como esta função leva a um aumento do grau de consciência reflexa (acrescentando-se os conteúdos anteriormente inconscientes ao esta-

828

---

32. SUZUKI, D.T. *Essays.*

33. Como, por exemplo, nos mistérios eleusinos e no culto de Mitra e Átis.

do precedente), este novo estado acarreta um maior grau de percepção, que é simbolizado por um maior grau de luz[34]. Trata-se, portanto, de um estado iluminado, em relação à relativa obscuridade do estado anterior. Em inúmeros casos a luz aparece até mesmo sob a forma de visões.

A ioga da senda do nirvana

829   Esta seção nos oferece uma das melhores formulações da consciência reflexa que parece constituir a meta da ioga. "Como não há duas coisas, a modo de ação e agente, alcança-se a meta de todos os resultados desejados e consequentemente a realização final, ao procurar-se o agente sem encontrá-lo em parte alguma".

830   Com esta formulação bastante complexa e com a indicação do seu objetivo, chego ao final do meu comentário. O texto é de grande beleza e sabedoria e não necessita de mais amplo comentário. Podemos traduzi-lo em linguagem psicológica e interpretá-lo com o auxílio dos princípios que desenvolvi na primeira parte deste trabalho e ilustrei a seguir.

---

34. Na alquimia, a pedra dos sábios foi chamada, entre outras coisas, de *lux lucis, lumen luminun* etc.

Comentário psicológico ao Bardo Thödol[1]

Antes de entrar em nosso comentário introdutório, eu gostaria de apresentar uma vista rápida e geral do texto. O *Bardo Thödol é* um livro de instruções para o morto que acaba de deixar a vida. Deve servir-lhe de guia durante sua existência de Bardo – um estado intermediário de 49 dias simbólicos, período que se estende entre a morte e o novo nascimento – mais ou menos à semelhança do *Livro Egípcio dos Mortos*. O texto se divide em três partes. A primeira, chamada *Tschikhai-Bardo*, descreve os acontecimentos psíquicos que se passam na alma na hora da morte. A segunda, chamada *Tschönyid-Bardo*, trata do estado onírico que tem início com a morte definitiva, e que são as assim chamadas ilusões cármicas. A terceira parte, dita *Sidpa-Bardo*, desenvolve-se em torno do começo dos impulsos para a geração e o novo nascimento, e dos acontecimentos da vida pré-natal. O fato que caracteriza esta parte é que o conhecimento supremo e a iluminação e consequentemente uma maior possibilidade de libertação começam imediatamente com o processo da morte. Logo a seguir iniciam-se as "ilusões" que levam, afinal, à reincorporação da alma, quando as luzes brilhantes vão se tornando cada vez mais turvas e mais numerosas, e cresce o aspecto assustador das visões. Esta descida descreve o processo de alheamento da consciência em relação à verdade libertadora, bem como sua reaproximação rumo à existência física. As instruções têm por escopo chamar a atenção do morto, a cada etapa de ofuscamento e de confusão interior, para as possibilidades de libertação em cada um desses momentos, e esclarecê-lo a respeito da natureza de suas visões. Os textos do *Bardo* são lidos pelo lama em presença do cadáver.

---

1. Comentário ao *Das Tibetanisches Totenbuch* (*Livro Tibetano dos Mortos*). Org. por W.Y. Evans-Wentz, 1935. Nova edição em 1957.

832   Creio que a melhor maneira de saldar minha dívida de gratidão para com os dois primeiros tradutores do *Bardo Thödol*, o falecido lama Kazi Dawa-Samdup e o Dr. Evans-Wentz, é esforçar-me por colocar o grandioso mundo de ideias e o conjunto de problemas apresentados por esta obra ao alcance da inteligência ocidental, com um comentário psicológico da edição alemã. Tenho a certeza de que todos aqueles que lerem este livro de olhos abertos, deixando que ele aja livremente sobre seu espírito, tirarão um grande proveito deste esforço.

833   O *Bardo Thödol*, chamado com razão de *Livro Tibetano dos Mortos* por seu editor W.Y. Evans-Wentz, provocou grande sensação nos países de língua inglesa, por ocasião de seu primeiro aparecimento, no ano de 1927. É uma daquelas obras que interessam não apenas aos estudiosos do budismo mahayana, mas também, e sobretudo, ao leigo que deseja ampliar seus conhecimentos a respeito da vida, devido ao seu caráter profundamente humano e sua visão mais profunda ainda dos mistérios da psique. Desde o ano de seu aparecimento, o *Bardo Thödol* tem sido para mim um companheiro constante, ao qual devo não apenas numerosos estímulos e informações, como também conhecimentos da maior importância. Ao contrário do *Livro Egípcio dos Mortos*, a respeito do qual sempre se fala demasiado ou muito pouco, o *Bardo Thödol* nos apresenta uma filosofia humanamente compreensível, dirigindo-se ao homem e não a deuses, nem a primitivos. Sua filosofia é a quintessência da crítica psicológica do budismo e, como tal, é – se assim podemos nos exprimir – de incrível superioridade. Projeções samsáricas são tanto as divindades "coléricas" como também "pacíficas", ideia esta que para um europeu esclarecido parece demasiado evidente, porque ela lhe lembra suas próprias simplificações banalizadoras. Mas este mesmo europeu seria incapaz de conceber tais deuses, que ele considera desprovidos de valor, por causa das suas projeções e também como simultaneamente reais. Mas o *Bardo Thödol* consegue realizar tal proeza, porque tem tanto sobre o europeu esclarecido como sobre o não esclarecido a vantagem de apoiar-se em algumas das mais importantes premissas metafísicas. O caráter antinômico de qualquer enunciado metafísico é o pressuposto tácito do *Bardo Thödol*, universalmente presente, como também a ideia da diferença qualitativa dos graus da consciência e das realidades metafísicas determinadas por ele. Uma grandiosa concomitância constitui o pano de fundo deste livro

Psicologia e religião oriental 51

extraordinário. Talvez ele seja pouco simpático aos filósofos ocidentais, pois o Ocidente ama a clareza e o inequívoco, razão pela qual alguém se sente inclinado a afirmar: "Deus existe", enquanto outro se declara, com igual fervor, pela negação: "Deus não existe". Que farão estes dois irmãos inimigos diante de uma frase como a seguinte: "Quando vires que este vazio de teu próprio sentido é a natureza de Buda e a considerares como sendo tua própria consciência, então estarás no divino espírito de Buda"?

Tenho receio de que frases como esta não sejam bem-vistas pela nossa filosofia e pela nossa teologia. O *Bardo Thödol* é psicologia no mais alto grau, enquanto aquelas se acham ainda no estágio pré-psicológico da Idade Média, em que só os enunciados são ouvidos, explicados, defendidos, criticados e fundamentados com argumentos, enquanto a instância de onde partiram é cancelada, por uma convenção tácita universal, como não pertencendo ao programa.

Os enunciados metafísicos são *afirmações* da alma e, portanto, também psicológicos. Mas o espírito ocidental acha esta verdade óbvia ou demasiado evidente, pelo fato de aderir às ideias do Iluminismo, levado por bem conhecidos ressentimentos, ou a considera como uma negação inadmissível da "verdade" metafísica. A palavra "psicológico" ressoa a seus ouvidos como se fora "apenas psicológico". De qualquer modo, para ele a alma é algo de extremamente pequeno, inferior, pessoal, subjetivo, ou algo do mesmo teor. Por isto prefere-se o termo "espírito" porque, agindo deste modo, dá-se a impressão de que se afirma algo de profundamente subjetivo a respeito do "espírito", naturalmente entendido sempre em sentido "universal", ou – segundo o caso – mesmo em sentido "absoluto". Esta preocupação um tanto ridícula parece-me uma compensação para a consciência da lamentável pequenez da alma. É como se Anatole France tivesse expresso uma verdade obrigatória para todo o Ocidente quando, em sua *Ile des Pinguins*, põe nos lábios de Catarina de Alexandria um conselho ao bom Deus: "Donnez-leur une âme, mais une petite!"

É a alma que faz a afirmação metafísica, em virtude de uma faculdade criadora divina e inata. É ela que "estabelece" as distinções das essências metafísicas. Não constitui apenas a condição do metafisicamente real, mas é este mesmo real.

834

835

836

52 Obra Completa — Vol. 11/5

837   Com esta grande verdade psicológica se inicia o *Bardo Thödol*, que não é um cerimonial de sepultamento, mas uma *instrução para os mortos*, um guia através das manifestações cambiantes da vida do Bardo, isto é, daquela existência que se prolonga por 49 dias, desde o momento da morte até a próxima reencarnação. Deixando de lado a hipótese da supratemporalidade da alma que o Oriente considera como mais do que evidente, podemos, como leitores do *Thödol*, colocar-nos facilmente na situação do morto e piedosamente considerar a doutrina do primeiro parágrafo, cujo esboço apresentei um pouco acima. Eis aqui o que encontramos expresso sem arrogância e em linguagem cortês: "Escuta, nobre (fulano). Experimenta agora a irradiação da clara luz da verdade pura. Toma conhecimento dela. Teu intelecto atual, ó nobre, que é vazio por sua própria natureza e não se destina à coisa de espécie alguma, como as qualidades ou as cores, as quais também são naturalmente vazias, é a verdadeira realidade, o bem universal. Teu próprio intelecto, que agora é vazio, mas que não se deve considerar como o vazio do nada, e sim como intelecto em si, desimpedido, luminoso, estimulante e feliz, é a verdadeira consciência, o Buda sumamente bom".

838   Este conhecimento é o estado do Dharma-Kâya [corpo da Lei] da iluminação total, ou, expresso em nossa linguagem: a consciência como manifestação sensível e inteligível da alma é a causa primeira de todos os enunciados metafísicos. O "vazio" é o estágio que antecede qualquer enunciado, qualquer "afirmação". A série das diversas manifestações ainda jaz latente no fundo da alma.

839   "Tua própria consciência – prossegue o texto – luminosa, vazia, inseparável do grande corpo irradiante, não tem nascimento nem morte; é a luz imutável – Buda Amitâbha".

840   Na realidade, a alma não é pequena; é a própria divindade luminosa. O Ocidente acha esta proposição muito duvidosa, quando não de todo reprovável, ou então dela se apropria sem hesitação, contraindo assim uma espécie de inflação teosófica. De um modo ou de outro, estamos sempre mal colocados em relação a estes fatos. Se conseguirmos, porém, dominar-nos, a ponto de nos conter diante de nosso principal erro que é o de querer sempre manipular estas coisas, então estaremos em condições de extrair daí uma doutrina de grande importância ou de avaliar a grandeza do *Bardo Thödol* que ensina ao

Psicologia e religião oriental

morto a verdade suprema, segundo a qual os deuses são também o brilho e a luz da alma individual. É por isso que o sol nunca se pôs para o homem oriental, como aconteceu ao cristão que, por isto mesmo, viu-se privado de Deus. A própria alma é a luz da divindade e a divindade é a alma. O Oriente é capaz de suportar este paradoxo melhor do que o pobre *Angelus Silesius* (o qual, de resto, mesmo hoje seria psicologicamente inoportuno).

É inteiramente lógico que, logo de início, explique-se o primado da vida ao morto, pois é sobretudo através da vida que tudo se explica. Durante a vida somos envolvidos por um sem-número de coisas que se entrechocam e se comprimem e em meio às quais nem sequer temos ensejo de pensar, diante desses "dados" puros e simples, quem verdadeiramente os "deu". É a partir destes dados que o morto se liberta, e as instruções têm por escopo precisamente apoiar este processo de libertação. Coloquemo-nos no lugar do morto, e não será pouco o proveito que tiraremos dessas instruções, pois já no primeiro parágrafo ficamos sabendo que o "doador" de todos esses "dados" habita dentro de nós, verdade esta que *nunca* é suficientemente entendida, apesar de sua evidência, tanto nas máximas como nas mínimas coisas, mas seria necessário e até mesmo imprescindível que o soubéssemos. Tal conhecimento só é próprio de pessoas de índole meditativa cujo propósito é conhecer o que estão vivendo, uma espécie de gnósticos segundo o temperamento, que acreditam em um salvador chamado, como o dos mandeus, de "conhecimento da vida" (manda d'hayyê). Talvez pouquíssimos tenham recebido o dom de conhecer o mundo como uma coisa "dada". Por certo é necessário que haja uma grande e penosa conversão, para que se possa ver o mundo como um "dado" que brota da essência da alma. Ver como as coisas acontecem é muito mais imediato, chama mais a atenção, é mais impressionante e por isso mesmo mais convincente, do que observá-las tais como as faço. Evidentemente, a natureza animal do homem tem repugnância de sentir-se como a autora de seus próprios dados. É por isso que tentativas semelhantes sempre foram objeto de iniciações secretas, das quais, em geral, faz parte uma morte figurada que simboliza o caráter de totalidade da conversão. Na verdade, as instruções do *Thödol* têm também por escopo recordar ao morto as experiências da iniciação ou os ensinamentos do guru; no fundo, as instruções nada mais são do que uma *iniciação do morto* à vida do Bardo, do mesmo modo que a iniciação do indivíduo vivo representa uma preparação para o além. Pelo menos é isto o que acontece em todos os mistérios culturais, a começar pelos mistérios egípcios e eleusinos. Mas na iniciação do vivo o "além" não é de modo algum um além da morte e sim uma conversão da mente – e, portanto, um além psicológico, ou, para nos expressarmos em linguagem cristã, uma "libertação" dos laços do mundo e do pecado. Esta libertação é uma substituição e uma saída de um estado anterior das trevas e de consciência para um estado de iluminação, de desligamento, de superação e de triunfo sobre os "dados".

842   O *Bardo Thödol é*, por conseguinte, como o crê também Evans-Wentz, um processo de iniciação que tem por escopo recuperar a divindade da alma perdida pelo nascimento. Mas o que caracteriza o Oriente é o fato de as instruções começarem sempre pela parte principal, ou seja, pelos últimos e supremos princípios, com aquilo que, entre nós, ocidentais, viria em último lugar; por exemplo no texto de Apuleio, onde Lúcio é adorado finalmente como Hélio. A iniciação do *Bardo Thödol* se desenvolve, por conseguinte, como um clímax "a majori ad minus" [um clima do maior para o menor] e termina "in utero", com o nascimento novo. O único "processo de iniciação" ainda vigente no âmbito da civilização ocidental é a prática da "análise do inconsciente" adotada por certos médicos. Esta penetração nos subterrâneos e nas raízes da consciência, determinadas por razões de ordem terapêutica, é sobretudo uma maiêutica racional no sentido socrático do termo, uma conscientização do conteúdo psíquico em estado embrionário e subliminar e ainda por nascer. A forma original desta terapia é, como se sabe, a psicanálise de Freud, que se ocupa sobretudo das fantasias sexuais. Esta faixa corresponde à última seção do *Sidpa Bardo* onde o morto, incapaz de assimilar os ensinamentos do *Tschikhai* e do *Tschönyid Bardo*, sucumbe ao assalto de fantasias sexuais, sendo com isso atraído por casais que praticam o ato sexual, e logo aprisionado em um útero, para vir novamente à luz no mundo terreno. Neste processo entra também em funcionamento o "complexo de Édipo", como convém à situação. Determinado, por força do carma, a reencarnar-se como criatura do sexo masculino, o morto se apaixonará pela mãe e sentirá ódio e repugnância pelo pai, ao passo que a futura filha sentirá uma atração irresistível pelo pai *in spe*, e,

inversamente, uma grande aversão pela mãe. O europeu perfaz este domínio especificamente freudiano em sentido inverso, durante o processo de conscientização dos conteúdos inconscientes. Ela retorna como que ao mundo das fantasias sexuais da infância, *usque ad uterum* (até o útero). Entre os psicanalistas houve mesmo quem defendesse o ponto de vista de que o parto é o trauma *par excellence*. Há, inclusive, quem afirme ter recuado até às reminiscências da fase intrauterina. Mas, com isto, infelizmente, a inteligência ocidental atinge seus limites. Seria interessante que a análise freudiana tivesse ido mais longe ainda, na busca dos assim chamados vestígios de experiências de vida intrauterina; esta empresa ousada tê-la-ia conduzido até o último capítulo do *Tschönyid Bardo*, num percurso feito do fim para o início, passando pelo *Sidpa Bardo*. Mas, com os conceitos biológicos de que dispomos, não se teria chegado a resultado algum, pois, para isto, seria necessário uma preparação totalmente diversa daquela que nos oferecem os pressupostos das Ciências Naturais. Caso tivesse sido possível descobrir pelo menos vestígios de tal experiência, uma busca retrospectiva teria conduzido ao postulado de uma vida anterior ao nascimento, a uma verdadeira existência de Bardo. Mas não se foi além de suposições a respeito de resíduos de experiências intrauterinas, enquanto que o chamado "trauma de parto" não passa de mero lugar comum, que nada explica, o mesmo acontecendo com a hipótese segundo a qual a vida é uma enfermidade com prognóstico desfavorável porque termina sempre em óbito.

Essencialmente falando, a psicanálise de Freud se deteve nas experiências vitais do *Sidpa Bardo*, ou seja, nas fantasias sexuais e propensões "incompatíveis" de natureza idêntica, que são a causa do medo e de outros estados afetivos. Mas não há dúvida de que a teoria freudiana constitui a primeira tentativa de explorar, como que a partir de baixo, isto é, da esfera dos instintos animais, aquele domínio da alma que corresponde ao *Sidpa Bardo* do lamaísmo tântrico. Mas um temor metafísico, nada menos do que justificado, impediu Freud de avançar pela esfera "oculta" adentro. Além disso, se nos é permitido acreditar na psicologia do *Sidpa Bardo*, o estado de Sidpa se caracteriza pelo vento violento do carma que não deixa o morto em repouso enquanto não encontrar o lugar do novo nascimento. Em outras palavras: o estado de Sidpa já não lhe permite mais recuar, pois o morto se acha bloqueado na direção do *Tschönyid Bardo* por um intenso impulso para baixo, para a esfera dos instintos animais e para o novo nascimento físico. Ou dito de outra maneira: quem penetra no inconsciente apoiado apenas em pressupostos biológicos se detém na esfera dos instintos e não consegue ir mais longe, e só recua continuamente em direção à existência física. Por isto, o pressuposto de Freud não tem outra saída senão a de concluir com uma apreciação essencialmente negativa a respeito do inconsciente. Este último "não é mais do que isto..." Tal conceito da alma é também o do Ocidente, só que expresso de maneira mais clara, mais nítida, mais impiedosa e mais desconsiderada do que outras pessoas ousariam fazê-lo. Mas estas pessoas, no fundo, pensam quase da mesma maneira e, quanto ao sentido que o termo "espírito" assume nesse contexto, devemos contentar-nos com o pio desejo de que seja convincente. O próprio Max Scheler observou, com pesar, que a situação é, no mínimo, duvidosa relativamente à força deste espírito.

844 Um fato que podemos considerar evidente é o da mentalidade racionalista ocidental ter avançado, com a psicologia, até ao estado por assim dizer neurótico de *Sidpa* onde, sem o menor senso de crítica e apoiada no pessuposto de que toda psicologia é um assunto de caráter pessoal e subjetivo, ela estagnou inevitavelmente. Mas mesmo assim lucramos com este avanço, pois conseguimos pelo menos ultrapassar a existência consciente. Tal conhecimento mostrou-nos, de algum modo, como devemos ler o *Thödol*, ou seja, do fim para o começo. Se logramos, de algum modo, compreender o caráter psicológico do *Sidpa Bardo*, apoiados nos conceitos da Ciência Ocidental, então a tarefa que agora nos incumbe é abrir o *Tschönyid Bardo* à compreensão geral.

845 O estado de Tschönyid é um estado das *ilusões cármicas*, isto é, daquelas ilusões que se baseiam nos restos (ou merecimentos) psíquicos das vidas anteriores. A visão oriental do *carma é* uma espécie de genética psíquica que se apoia na hipótese da reencarnação, isto é, da supratemporalidade da alma, quanto ao último ponto de vista. Nem nossa ciência nem nossa razão podem aderir a esta concepção. Para nós ela suscita muitos *poréns* e muitos *ses*. Antes de tudo, sabemos desesperadamente muito pouco acerca de uma possível continuação da psique além da morte, de tal modo que é impossível prever o que

se poderá apresentar como prova a seu respeito. Além disto, sabemos sobejamente que uma demonstração neste sentido é tão improvável, por razões teórico-críticas, quanto a prova da existência de Deus. Por isso o conceito de carma só deve ser admitido com prudência, uma vez que o entendamos no sentido amplíssimo de *herança psíquica*. Existe uma herança psíquica, isto é, uma herança de peculiaridades psíquicas tais como, por exemplo, certas disposições a contrair uma doença, traços do caráter, dotes naturais etc. São manifestações vitais básicas que se fazem sentir de modo particular no plano da psique, assim como também há peculiaridades hereditárias sensíveis sobretudo ao plano fisiológico, isto é, físico. Mas entre as qualidades psíquicas hereditárias há uma classe particular que não encontra limitações essenciais nem de ordem familiar, nem no plano racial. São as disposições espirituais de caráter genérico, entre as quais devemos considerar de modo particular um certo tipo de *formas* de acordo com as quais o espírito ordena, por assim dizer, os seus conteúdos. Poderíamos chamá-los também de *categorias*, analogicamente às categorias lógicas que existem sempre e por toda parte e que constituem os pressupostos essenciais e imprescindíveis do intelecto. Só que no caso das "formas" em apreço não se trata de categorias do intelecto, mas de categorias da *faculdade imaginativa*. Como os produtos da fantasia são sempre diretamente acessíveis à observação, no sentido mais amplo do termo, suas formas *a priori* têm o aspecto de *imagens*, e de imagens *típicas*, às quais, por esta razão, dei o nome de *arquétipos*, inspirado na antiguidade clássica. A pesquisa comparada das religiões e dos mitos, do mesmo modo que a psicologia dos sonhos e das psicoses são verdadeiras minas de dados. O espantoso paralelismo existente entre tais imagens e as ideias por elas expressas deram azo frequentemente até às mais ousadas teses de migração, quando o mais lógico teria sido pensar em uma semelhança notável da alma humana em todas as épocas e em todos os lugares. Na realidade, as formas arquetípicas geradas pela fantasia se reproduzem espontaneamente sempre e por toda parte, sem que se deva pensar, nem mesmo de longe, em uma transmissão por via direta. As relações estruturais primitivas da psique são de uma uniformidade e semelhança surpreendente às de um corpo visível. Os arquétipos são como que órgãos da psique pré-racional. São sobretudo estruturas fundamentais características, sem conteúdo específico e herdadas desde os tempos mais remotos. O conteúdo específico só aparece na vida individual em que a experiência pessoal é vazada nessas formas. Se tais arquétipos não preexistissem em todos os tempos e lugares de forma idêntica, como explicar o fato de o *Bardo Thödol* pressupor, quase sem exceção, que os mortos não têm consciência de ter morrido, tal afirmação podendo ser encontrada com frequência na mais banal e mais inculta literatura espírita da Europa e da América? Embora encontremos esta afirmativa em Swedenborg, o conhecimento de seus escritos nunca foi difundido a ponto de qualquer médium comum deparar com estas histórias em qualquer parte. É impossível pensar numa conexão entre Swedenborg e o *Bardo Thödol*. Trata-se de uma ideia muito primitiva, universalmente difundida, segundo a qual os mortos simplesmente prosseguem a vida que tiveram na terra e por isso muitas vezes não sabem que são espíritos de defuntos. É uma ideia arquetípica que se manifesta prontamente, de forma palpável, quando alguém tem a visão de um fantasma. Notável também é o fato de que os fantasmas apresentam certos traços comuns em todos os lugares da terra. Naturalmente, conheço a hipótese indemonstrável do espiritismo, sem porém admiti-la. Contento-me com a hipótese de uma estrutura psíquica que existe por toda parte, diferenciada e herdada sob tal forma, predeterminando todas as experiências vitais em uma direção definida e de forma prefixada. De fato, do mesmo modo que os órgãos corporais não são dados indiferentes e passivos, mas constituem complexos de funções dinâmicas que manifestam sua existência com imperiosa necessidade, assim também os arquétipos formam como que órgãos psíquicos, complexos dinâmicos (instintivos), os quais determinam, no mais alto grau, a nossa vida psíquica. Por isso também chamei aos arquétipos de *dominantes do inconsciente*. Mas dei o nome de *inconsciente coletivo* à camada inconsciente da alma, constituída por essas formas dinâmicas universalmente difundidas.

846   Ao que eu saiba, não há reminiscências pré-natais herdadas. O que existe são estruturas arquetípicas fundamentais mas sem conteúdo, principalmente por não conterem experiências subjetivas. Estas estruturas só afloram à consciência quando as experiências pessoais se tornam perceptíveis. Como vimos acima, a psicologia do Sidpa consiste no desejo de viver e renascer. (Sidpa = "Bardo da procura

Psicologia e religião oriental

do novo nascimento"). Por isso este estado não permite, como tal, uma experiência das realidades psíquicas transubjetivas, a não ser que o indivíduo se recuse categoricamente a renascer no mundo da consciência. De acordo com a doutrina do *Thödol* existe em cada estado de Bardo a possibilidade de ascender ao Dharmakaya [Corpo da Lei], passando pelo monte Meru, de quatro faces, desde que o morto não ceda à sua propensão de seguir as luzes turvas. Traduzido em nossa linguagem, isto significaria que o indivíduo opõe desesperada resistência ao preconceito racionalista, renunciando com isto à supremacia de sua egoidade consagrada pela razão. Isto equivale, praticamente, a uma capitulação, carregada de graves consequências, face aos poderes objetivos da alma, uma espécie de morte figurada que corresponde à seção do *Sidpa Bardo*, em que se trata do julgamento do morto. Significa também o fim da direção racional e moralmente responsável da vida e uma submissão voluntária e espontânea àquilo que o Thödol chama de *ilusões cármicas*. A "ilusão cármica" significa uma convicção ou uma imagem do mundo, de cunho extremamente irracional e que em tempo algum e em parte alguma corresponde ao julgamento do intelecto ou dele precede, mas é produzida exclusivamente pela faculdade imaginativa. Trata-se simplesmente de um sonho ou de uma "fantasia" que qualquer pessoa bem-intencionada não deixaria imediatamente de desaconselhar, e, na realidade, num primeiro momento é difícil perceber que diferença existe entre tal fantasia e a quimera produzida pelo cérebro de um demente. Entretanto, basta muitas vezes um ligeiro "abaissement du niveau mental", para desencadear este mundo de ilusões. O temor e as trevas deste momento correspondem às primeiras seções do *Sidpa Bardo*. Mas os conteúdos deste Bardo revelam-nos os arquétipos, as imagens cósmicas em sua fisionomia e que à primeira vista parecem apavorantes. O estado de Tschönyid corresponde a uma psicose provocada intencionalmente.

Muitas vezes se lê ou se ouve falar dos perigos da ioga, em particular dos perigos da mal-afamada kundalini ioga. O estado psicótico provocado intencionalmente e que em certos indivíduos portadores de tara se transforma numa verdadeira psicose, dependendo das circunstâncias, é este perigo crescente que se deve levar muito a sério. Trata-se aqui, realmente, de coisas perigosas nas quais não se deve *mexer*, embora nos sintamos tentados a fazê-lo: seria uma intervenção no destino, atingindo as mais profundas camadas da existência humana e podendo abrir uma fonte de sofrimentos com os quais, em são juízo, nunca se teria sonhado. Os seus equivalentes são as torturas infernais do estado de Tschönyid, que o nosso texto descreve como segue: "O deus da morte amarra uma corda em teu pescoço e te arrasta em todos os sentidos, decepa-te a cabeça, arranca-te o coração, extrai-te os intestinos, lambe o teu cérebro e chupa o teu sangue, come as tuas carnes e rói os teus ossos; mas és incapaz de morrer. Mesmo partido em pedaços, teu corpo se recupera. Esse estraçalhamento repetido causa-te dores e tormentos pavorosos".

848   Esta tortura descreve, com a máxima propriedade, a natureza deste perigo: trata-se de um processo de desintegração da totalidade do corpo de Bardo que, tal como uma espécie do "subtle body", constitui a visibilidade da alma separada do corpo. O correspondente psicológico deste *despedaçamento é* a dissolução psíquica em sua forma mais funesta, que é a *esquizofrenia* (cisão da mente). A mais frequente das enfermidades mentais consiste essencialmente em um pronunciado "abaissement du niveau mental" que, de um lado, suprime o obstáculo normal radicado na consciência, mas de outro lado desencadeia o jogo livre das dominantes inconscientes.

849   A passagem do estado de Sidpa para o estado de Tschönyid é, portanto, uma perigosa inversão dos impulsos e objetivos do estado consciente, uma imolação da segurança oferecida pelo senso da egoidade e uma entrega à insegurança extrema de um jogo aparentemente caótico de figuras fantásticas. Ao cunhar a afirmação de que o eu é "o verdadeiro lugar do medo", Freud deu expressão a uma intuição muito profunda e muito real. O medo da autoimolação está à espreita, por trás e dentro de cada um, pois o temor é a encarnação das forças inconscientes que só com muita dificuldade conseguimos impedir que produzam todas as suas consequências. Nenhum caso de autodesenvolvimento (individuação) escapou a esta travessia perigosa, pois o objeto de temor, isto é, o mundo tanto inferior como superior das dominantes psíquicas do qual o eu já se emancipou com muita fadiga e somente até certo ponto, rumo a uma liberdade ilusória, faz parte da totalidade do si-mesmo. Esta liberdade é uma empresa heroica e certamente necessária, mas não constitui nada de definitivo, pois re-

Psicologia e religião oriental 61

presenta apenas a formação de um *sujeito* ao qual, para que possa atingir a plena realização, é preciso que se contraponha o objeto. Parece que se trata em primeiro lugar do mundo, que é inflado de projeções também para este fim. O indivíduo procura e encontra suas dificuldades, procura e acha seu inimigo, procura e acha o amado e precioso, e é bom saber que todo o mal e todo o bem se situam do lado de lá, no objeto visível onde é possível triunfar, castigar, destruir ou fazer feliz. Mas a própria natureza nem sempre permite este estado paradisíaco de inocência do sujeito por um tempo prolongado. Há atualmente, como sempre houve, aqueles que não conseguem deixar de perceber que o mundo e a vida terrena possuem uma natureza de caráter parabólico e que, propriamente falando, são uma cópia de algo que jaz imerso nas camadas mais fundas do próprio sujeito, na própria realidade transubjetiva. Segundo a doutrina dos lamas do Tibet, esta profundíssima intuição significa o estado de Tschönyid, e, por isto, o *Tschönyid Bardo* traz também o título de *Bardo da Experiência Vital da Realidade.*

A realidade que se experimenta no estado de Tschönyid é, como nos ensina o texto da última seção do *Tschönyid Bardo*, a *realidade* dos pensamentos. As "formas de pensamento" aparecem como realidades; a fantasia assume uma feição real e se inicia o sonho apavorante representado pelo carma, pelas dominantes inconscientes. Em primeiro lugar, surge o aniquilador deus da morte como a soma de todos os terrores, ao qual se seguem (pois estamos lendo o texto do fim para o começo) vinte e oito deuses poderosos e horrendos e mais cinquenta e oito "divindades bebedoras de sangue". Apesar de seu aspecto demoníaco que representa o caos desconcertante dos atributos e das monstruosidades terríveis já podemos vislumbrar aqui uma certa ordem. São companhias de deuses ordenadas de acordo com os quatro pontos cardeais e assinaladas por cores místicas típicas. Aos poucos se vai percebendo, com maior clareza, que as divindades foram ordenadas em mandalas (círculos) que contêm a cruz das quatro cores fundamentais. Estas cores se referem às quatro formas de sabedoria, como segue:

850

1. Branco = a senda luminosa da sabedoria especular.

2. Amarelo = a senda luminosa da sabedoria da igualdade.

3. Vermelho = a senda luminosa da sabedoria diferenciada.

4. Verde = a senda luminosa da sabedoria que tudo opera.

851   Em um nível superior de sua consciência o morto se dá conta de que é dele próprio que provêm as formas reais de pensamento e que as quatro sendas luminosas da sabedoria que surgem diante dele são as irradiações de suas próprias "faculdades" psíquicas. Com isto nos encontramos no centro da psicologia do mandala lamaico que analisamos[2] no livro *Das Geheimnis der goldenen Blüte* (O segredo da flor de ouro), publicado em colaboração com o falecido Richard Wilhelm.

852   A evolução através do *Tschönyid Bardo*, e que percorremos do fim para o começo, intensifica-se cada vez mais até se ter a visão dos quatro Grandes: 1. O Amogha Siddhi verde; 2. O Amitâbha vermelho; 3. O Ratna-Sambhava amarelo; 4. O Vajra-Sattva branco, encerrando com a luz fulgurante do Dharma-Dhâtu, o Corpo de Buda, que provém do coração de Vairotschana, situado no centro do mandala.

853   Com esta visão final desfazem-se o carma e sua ilusão; a consciência se liberta de toda e qualquer forma e de quaisquer vinculações com os objetos, retornando ao estado inicial e intemporal do Dharma-Kâya. Deste modo, fazendo-se a leitura do fim para o começo, chega-se ao estado de Tschikhai, que se inicia no momento da morte.

854   Parece-me que bastam estas indicações para transmitir, de algum modo, a psicologia do *Bardo Thödol* ao leitor atento. O livro escreve o itinerário de iniciação, percorrido em sentido inverso e que prepara a descida ao devir físico, de algum modo em oposição às expectativas escatológicas do cristianismo. A imersão absolutamente racionalista e intelectualista do europeu no seio do mundo aconselha-nos, antes de tudo, a inverter a sequência do *Thödol* e considerá-lo como a descrição de experiências orientais de iniciação em que as divindades do *Tschönyid Bardo* podem ser substituídas à vontade por símbolos. Em todo o caso, a ordem de sequência dos acontecimentos representa um estreito paralelo com a fenomenologia do inconsciente europeu nas condições de um assim chamado processo de iniciação, isto é, quando o inconsciente é analisado. O processo de transformação do inconsciente que se opera durante a análise é o análogo natural das iniciações religiosas levadas a efeito de forma artificial mas

---

2. Sobre o princípio ordenador inconsciente, cf. *Zur Psychologie östlicher Meditation*, § 908s. deste volume.

Psicologia e religião oriental

que, em princípio, diferenciam-se do processo natural, por antecipa-rem a evolução natural e por substituírem a produção natural dos símbolos por símbolos escolhidos de propósito e fixados por tradi-ção, como acontece, por exemplo, nos *Exercícios* de Inácio de Loyola ou nas meditações da ioga budista ou tântrica.

Mas a inversão da ordem dos capítulos que proponho para facili-tar a compreensão não corresponde à intenção do *Bardo Thödol*. Quan-to ao fato de nos utilizarmos deles para fins psicológicos se ajusta ple-namente a uma intenção secundária, certamente permitida em senti-do lamaico. O objetivo propriamente dito do extraordinário livro é a preocupação, que certamente parecerá muito estranha para um euro-peu culto do século XX, de esclarecer o morto que se encontra no es-tado de Bardo. A Igreja Católica é o único lugar no mundo do ho-mem branco onde ainda é possível encontrar restos importantes da assistência às almas dos mortos. No seio do Protestantismo, voltado mais para as alegrias do mundo, só existem, propriamente falando, alguns *rescue circles* (centros de socorro) espíritas que se ocupam da conscientização de defuntos que não perceberam que estão mortos[3]. Mas não encontramos no Ocidente nada que se possa, de algum modo, comparar ao *Bardo Thödol*, à exceção de alguns escritos secre-tos que não interessam ao grande público e à ciência em geral. Segun-do a tradição, parece que nosso *Thödol* também se incluía no número dos livros secretos (cf. a introdução de Evans-Wentz à edição original inglesa). Como tal, ele constitui um capítulo especial da cura mágica de almas que se prolonga além da morte. Naturalmente este culto dos mortos se baseia racionalmente na crença da supratemporalidade da alma, e, irracionalmente, na necessidade psicológica que o indivíduo tem de fazer alguma coisa em favor dos mortos. Trata-se, portanto, de uma necessidade muito elementar que se apossa até mesmo dos mais esclarecidos quando se veem em face da morte de parentes e amigos. Por isto é que temos ainda todo um conjunto de usos e ritos fúnebres, apesar de todas as variações do Iluminismo. Até Lenine teve de suportar o embalsamamento e a construção de um suntuoso

855

---

3. Sobre esta atividade espírita encontram-se informações nas seguintes obras de Lord Dowding: *Many Mansions*, 1944; *Lychgate*, 1945; *God's Magic*, 1945.

mausoléu, à maneira de um soberano egípcio, não certamente pelo fato de seus sucessores acreditarem na ressurreição do corpo. Contudo, à parte as missas de defunto da Igreja Católica, o nosso cuidado pelos mortos é rudimentar e situado em um dos níveis mais baixos, não talvez por estarmos suficientemente convencidos acerca da imortalidade da alma, mas porque acabamos eliminando as necessidades psíquicas, à força de racionalização. Comportamo-nos como se não tivéssemos tais necessidades e, porque não somos capazes de acreditar na permanência da alma depois da morte, nada fazemos em seu favor. Mas o sentimento dos mais ingênuos escuta seus próprios apelos e então há o costume de erigir para si mesmo, como acontece na Itália, monumentos funerários de grande beleza. Em um nível significativamente mais alto está a missa de defuntos, que não significa apenas a satisfação de sentimentos piegas, mas se destina nitidamente a assegurar o bem-estar espiritual do morto. Entretanto, são as instruções do *Bardo* que representam o máximo de desempenho espiritual em favor dos mortos. Essas instruções são de tal modo pormenorizadas e ajustadas às aparentes mudanças de estado do morto, que qualquer leitor sério poderá indagar se os velhos sábios lamaicos não vislumbraram, afinal, uma quarta dimensão e, com isto, levantaram uma ponta do véu dos grandes mistérios da vida.

856   Mesmo que essa verdade fosse apenas uma ilusão, ainda assim poderíamos ser tentados a conferir alguma realidade à visão da vida de Bardo. Em todo o caso, no mínimo é estranhamente original conceber o estado que se segue à morte, a respeito do qual nossa fantasia religiosa tem formado as mais incríveis ideias, com um estado onírico degenerativo e cheio de ameaças[4]. A visão culminante não surge na conclusão do Bardo, e sim no começo, no momento da morte, e aquilo que acontece depois é um lento resvalar para a ilusão e para a confusão, até desembocar na catástrofe do novo nascimento. É no fim da vida que se atinge o clímax espiritual. A vida do homem, portanto, é o veículo da mais perfeita realização que seja possível alcançar: somente dentro dela é que se gera aquele carma que torna possível ao

---

4. Semelhante concepção se encontra na obra de Aldous Huxley, *Time Must Have a Stop*, de 1945.

Psicologia e religião oriental

65

morto permanecer, sem objeto, no vazio da plenitude luminosa e, consequentemente, caminhar no meão da roda do renascimento, livre de qualquer ilusão do devir e do passar das coisas. A vida de Bardo não acarreta recompensas nem castigos eternos, mas tão-somente uma descida a uma nova vida que deve colocar o homem mais próximo de sua meta definitiva. Mas a meta escatológica é aquilo que o próprio vivente gerou como fruto derradeiro e mais excelente das fadigas e dos esforços da existência. Esta visão é superior, ou, muito mais do que isto: é viril e heroica.

O caráter degenerativo da vida de Bardo está otimamente documentado na literatura espírita do Ocidente, que repete até à náusea a impressão causada pela execrável banalidade das comunicações dos espíritos. Nossa visão científica não hesita em classificar os relatos dos espíritos como emanações do inconsciente dos médiuns e dos que participam das sessões, e em aplicar a nossa maneira de explicar as coisas à descrição que o mencionado livro dos mortos nos dá do além-túmulo. Na verdade, não se pode negar que o livro inteiro foi extraído dos conteúdos arquetípicos do inconsciente. Por trás dele não há (e nisto nossa *ratio* ocidental está certa) realidades físicas ou metafísicas, mas "tão-somente" a realidade dos dados psíquicos. O problema é o de saber se existe algo que é "dado" de forma subjetiva ou objetiva. E mais do que isto o *Bardo Thödol* também não diz; até mesmo suas cinco dhyani (concentrações) de Buda são dados psíquicos, e é isto precisamente o que o morto precisa saber, se ainda não o percebeu claramente durante a vida: que sua alma e a fonte de todos os dados são uma só e mesma coisa. O mundo dos deuses e o mundo dos espíritos "nada mais são do que" o inconsciente coletivo em mim. Invertendo esta frase, teríamos o seguinte: O inconsciente é o mundo dos deuses e dos espíritos fora de mim, e isto não exige uma acrobacia intelectual, mas sim toda uma vida humana e até mesmo muitas vidas humanas, de integridade cada vez maior. Propositalmente deixei de usar a palavra "perfeição", pois os "perfeitos" fazem descobertas inteiramente diferentes.

857

O *Bardo Thödol* foi um livro secreto, e continua como tal por mais comentários que escrevamos sobre ele, pois sua compreensão exige uma faculdade espiritual que ninguém possui e que só pode ser

858

adquirida mediante uma direção e uma experiência especiais da vida. É bom que existam livros "inúteis" como este no que se refere ao conteúdo e à finalidade. Eles são escritos justamente para aquelas pessoas que não dão grande importância às questões de utilidade, objetivos e sentido do atual "mundo civilizado".

A ioga e o Ocidente[1]

Há pouco menos de um século o Ocidente adquiriu alguma no-   859
ção da ioga. Embora seja verdade que há mais de dois mil anos tenham
chegado à Europa os mais variados tipos de narrativas maravilhosas
provenientes da Índia fabulosa, com seus sábios e céticos onfálicos,
contudo, só mediante os primeiros contatos com os Upanishads, trazi-
dos ao Ocidente por Anquetil du Perron, teve início um verdadeiro conhecimento da filosofia hindu e da prática filosófica da Índia. Mas um
conhecimento mais geral e mais aprofundado só foi possível graças ao
trabalho de Max Müller, Oxford, e aos *Sacred Books of East*, editados
por ele. Este conhecimento real, no entanto, restringiu-se inicialmente
aos indólogos e filósofos. Mas o movimento teosófico desencadeado
por Madame Blavatsky não tardou em apoderar-se das tradições orientais e as colocou ao alcance do público. Durante várias décadas o conhecimento da ioga foi cultivado no Ocidente; de um lado, como ciência estritamente acadêmica e, de outro, como algo que talvez possamos
classificar de religião, conquanto não se tenha desenvolvido a ponto
de tornar-se uma igreja organizada, apesar dos esforços de Annie Be-
sant e do fundador do ramo antroposófico, Rudolf Steiner, que, por
sua vez, deriva de Madame Blavatsky.

Dificilmente se pode comparar o caráter desta evolução com aqui-   860
lo que a ioga significa para a Índia. Ou seja, no Ocidente, as doutrinas
orientais encontraram uma situação espiritual peculiar que a Índia –
pelo menos a Índia antiga – desconhecia, ou seja, a rigorosa separação entre ciência e religião existente em maior ou menor grau há tre-
zentos anos, quando a doutrina da ioga começou pouco a pouco a
tornar-se conhecida no Ocidente. Esta separação, que é uma caracte-

---

1. Aparecido em tradução inglesa em *Prabuddha Bharata*, Calcutá, fevereiro de 1936.

rística típica do Ocidente, começou com o Renascimento, no século XIV, época em que surgiu um interesse geral e apaixonado pela antiguidade clássica, favorecido pela queda do Império Romano do Oriente, que sucumbiu às investidas do Islamismo. Pela primeira vez difundiu-se o conhecimento da língua e da cultura gregas no Ocidente. A esta irrupção da assim chamada filosofia pagã seguiu-se, imediatamente, o grande Cisma da Igreja Romana, ou seja, o Protestantismo, que em breve se alastrou por toda a Europa setentrional. Mas esta renovação do Cristianismo já não era capaz de exorcizar os espíritos libertados.

861   Começara a época das descobertas mundiais no sentido geográfico e científico do termo, enquanto o pensamento ia se emancipando de forma crescente das cadeias opressivas da tradição religiosa. As igrejas continuaram a existir, mantidas pela necessidade estritamente religiosa do público, mas perderam a liderança no plano cultural. Enquanto a Igreja Romana continuou formando uma unidade, graças à sua inexcedível forma de organização, o protestantismo se esfacelou em cerca de quatrocentas denominações diferentes. Isto revela, de um lado, a sua incapacidade intrínseca, mas também o seu dinamismo, a sua vitalidade religiosa, que o impele sempre para diante, para mais longe. No decorrer do século XIX houve uma paulatina formação sincrética e a importação maciça de sentimentos religiosos exóticos, como, por exemplo, a religião formada por Abdul Bahai, as seitas sufistas, a pregação de Ramakrishna, o budismo etc. Muitos destes sistemas, como a teosofia, por exemplo, incorporaram elementos cristãos. A imagem que daí resultou corresponde quase ao sincretismo helenístico dos séculos III e IV, que chegou também à Índia, pelo menos em seus resquícios[2].

862   Mas todos estes sistemas se situam na linha religiosa e recrutam a maior parte de seus adeptos no seio do protestantismo. No fundo, trata-se nada mais do que de seitas protestantes. O protestantismo concentrava seus golpes contra a *autoridade* da Igreja, abalando principalmente a fé nessa mesma Igreja enquanto transmissora e comuni-

---

2. Cf. Apolônio de Tiana, bem como as doutrinas dos mistérios órficos e pitagóricos e a gnose etc.

Psicologia e religião oriental 69

cadora da salvação divina. Isso fez com que coubesse ao indivíduo o ônus da autoridade e, consequentemente, uma responsabilidade religiosa que até então não tivera. O declínio da prática da confissão dos pecados e da absolvição agravou ainda mais o conflito moral interior do indivíduo, sobrecarregando-o de uma série de problemas de que a Igreja outrora o poupara, na medida em que seus sacramentos, e em particular o sacrifício da missa, garantiam a salvação ao fiel, graças à realização da ação sagrada pelo ministério do sacerdote. Para tanto, o indivíduo devia contribuir apenas com a confissão pessoal dos pecados, com o arrependimento e a penitência. Com a eliminação da ação sagrada eficaz, passou a faltar a resposta de Deus ao propósito do indivíduo. São estas as lacunas que explicam o anseio e a busca de sistemas que prometessem essa resposta, ou seja, um gesto de complacência e aceitação por parte de outrem (superiores, diretores espirituais ou mesmo Deus).

A ciência europeia não tomava na devida conta estas esperanças 863 e expectativas. Mantinha-se distanciada e isolada das convicções e necessidades religiosas do grande público. Este isolamento do espírito ocidental, inevitável do ponto de vista histórico, apoderou-se também da doutrina da ioga, na medida em que foi acolhida no Ocidente, transformando-a, de um lado, em objeto de ciência, e, de outro, saudando-a como processo terapêutico. É verdade que não se pode negar a existência, no seio deste movimento, de toda uma série de tentativas no sentido de conciliar a ciência com a convicção religiosa e a prática, como no caso da Christian Science, a teosofia e antroposofia, das quais notadamente a última gosta de se apresentar com laivos de ciência; por isto a antroposofia, do mesmo modo que a Christian Science, invalida certos ambientes de cultura intelectual.

Como o protestantismo não tem um caminho previamente tra- 864 çado, qualquer sistema que lhe permita um desenvolvimento adequado é, por assim dizer, bem visto por ele. No fundo, deveria fazer tudo aquilo que a Igreja sempre fez como mediadora, só que agora não sabe *como* fazê-lo. Tendo levado a sério as próprias necessidades religiosas, também fez esforços inauditos para crer. Mas a fé é um carisma, um dom da graça, e não um método. E é justamente um método que faz falta aos protestantes, a ponto de muitos deles terem se interessado seriamente pelos exercícios espirituais de Inácio de Loyola, rigorosamente católicos. Mas o que mais os perturba é a contradição entre a verdade religiosa e a verdade científica, o conflito entre a fé e o saber que, através do protestantismo, afetou até mesmo o catolicismo. Este conflito existe única e exclusivamente por causa da cisão histórica operada no pensamento europeu. Se não houvesse, de um lado, um impulso psicológico inatural para crer, e do outro uma fé, igualmente inatural na ciência, não haveria qualquer razão para este conflito. Seria fácil, então, imaginar um estado em que o indivíduo simplesmente *soubesse* e ao mesmo tempo *acreditasse* naquilo que lhe parecesse provável por estas ou aquelas boas razões. A rigor não há, forçosamente, uma razão para o conflito entre essas duas coisas. Na verdade, ambas são necessárias, pois apenas o conhecimento assim como apenas a fé são sempre insuficientes para atender às necessidades religiosas do indivíduo.

865   Por isso, se se propuser algum método religioso como "científico", pode-se estar certo de contar com o público no Ocidente. A *ioga satisfaz a essa expectativa.* À parte o estímulo da novidade e o fascínio pela meia compreensão, a ioga conquista muitos adeptos por boas razões: ela propõe não só um método tão amplamente procurado, como também uma filosofia de inaudita profundidade. Oferece a possibilidade de uma experiência controlável, satisfazendo com isto a necessidade científica de "fatos"; e, além disso, graças à sua amplitude e profundeza, à sua idade venerável, à sua doutrina e metodologia, que abarcam todos os domínios da vida, promete insuspeitadas possibilidades que os pregadores da doutrina raramente deixaram de sublinhar.

866   Silencio a importância que a ioga tem na Índia, pois não me sinto autorizado a emitir um juízo a respeito de algo que não conheço por experiência própria. Mas posso dizer alguma coisa sobre aquilo que ela significa para o Ocidente. A ausência de métodos entre nós raia pela anarquia psíquica. Por isso, qualquer prática religiosa ou filosófica significa uma espécie de *disciplinamento psicológico* e, consequentemente, também um método de *higiene mental.* As inúmeras formas de proceder da ioga, de natureza puramente corporal, significam também uma higiene fisiológica que, pelo fato de estar subordinada à ginástica costumeira ou aos exercícios de controle da respiração, é também de natureza filosófica, e não apenas mecânica e científica. De fato, nestes exercícios, ela liga o corpo à totalidade do espíri-

Psicologia e religião oriental 71

to, coisa que se pode ver claramente nos exercícios do prânayâma, onde o prâna é ao mesmo tempo a respiração e a dinâmica universal do cosmos. Como a ação do indivíduo é ao mesmo tempo um acontecimento cósmico, o assenhoreamento do corpo (inervação) se associa ao assenhoreamento do espírito (da ideia universal), resultando daí uma totalidade viva que nenhuma técnica, por mais científica que seja, é capaz de produzir. Sem as representações da ioga, seria inconcebível e também ineficaz a prática da ioga. Ela trabalha com o corporal e o espiritual unidos um ao outro de maneira raramente superada.

No Oriente, onde surgiram estas ideias e estas práticas, e onde há quatro mil anos uma tradição ininterrupta criou todas as bases e os pressupostos espirituais necessários, a ioga, como é fácil de imaginar, tornou-se a expressão mais adequada e a metodologia mais apropriada para fundir o corpo e o espírito em uma unidade que dificilmente se pode negar, gerando assim uma disposição psicológica que possibilita o surgimento de sentimentos e intuições que transcendem o plano da consciência. A mentalidade histórica da Índia não tem, em princípio, qualquer dificuldade em trabalhar analogicamente com um conceito como o de prâna. Mas o Ocidente, com seu mau costume de querer crer, de um lado, e com a sua crítica de origem filosófica e científica, do outro, cai cegamente na armadilha da crença e engole conceitos e termos como prâna, âtman, châcra, samâdhi etc. Mas a própria crítica científica já tropeça contra o conceito de prâna e de purusha. Por isso a cisão operada no espírito ocidental torna impossível, de início, uma adequada realização das intenções da ioga. Ou esta é um assunto estritamente religioso, ou um training, como a mnemotécnica, a ginástica respiratória, a eurritmia etc. Mas não se encontra o mínimo vestígio daquela unidade e dessa totalidade que é própria da ioga. O hindu não consegue esquecer nem o corpo nem o espírito. O europeu, pelo contrário, esquece sempre um ou outro. Foi graças a esta capacidade que ele conquistou antecipadamente o mundo, isso não ocorrendo com o hindu. Este não somente conhece a sua *natureza*, como também sabe até onde ele próprio é essa natureza. O europeu, pelo contrário, tem uma *ciência* da natureza e sabe espantosamente muito pouco a respeito da natureza que está nele. Para o hindu é um benefício conhecer um método que o ajude a vencer o poder supremo da natureza, por dentro e por fora. Para o

867

europeu é um veneno reprimir totalmente a natureza já mutilada e transformá-la em robô obediente.

868   Embora se afirme que a ioga é capaz de mover montanhas, é difícil apresentar uma prova neste sentido. O poder da ioga se situa dentro dos limites admissíveis para seu meio ambiente. O europeu, pelo contrário, pode fazer montanhas saltarem pelos ares, e a guerra mundial nos deu um antegosto amargo de tudo quanto ele é ainda capaz de fazer, quando seu intelecto alienado da natureza se liberta de todos os freios. Como europeu, não posso desejar que o homem adquira ainda um maior "controle" e poder sobre a natureza, tanto exterior como interiormente. Sim, devo confessar, para vergonha minha, que devo os meus melhores conhecimentos (e entre eles há alguns que são inteiramente bons) à circunstância de, por assim dizer, ter feito sempre o contrário do que nos dizem todas as regras da ioga. Graças ao desenvolvimento histórico, o europeu se distanciou de suas raízes, e seu espírito terminou por cindir-se entre fé e saber, da mesma forma que qualquer excesso de natureza psicológica se dissolve nos pares opostos. O europeu precisa retornar, não à natureza, à maneira de Rousseau, mas à *sua natureza*. Sua missão consiste em redescobrir o *homem natural*. Em vez disso, porém, o que ele prefere são sistemas e métodos com os quais possa reprimir o homem natural que atravessa seu caminho, onde quer que esteja. Com toda certeza, ele fará mau uso da ioga, pois sua disposição psíquica é totalmente diversa da do homem oriental. Sempre digo a quem posso: "Estude bem a ioga. Você aprenderá um número infinito de coisas com ela, mas não a utilize, pois nós, europeus, não somos feitos para usar sem mais nem menos tais métodos. Um guru hindu poderá explicar-lhe tudo muito claramente e você poderá executar, depois, o que ele lhe tiver ensinado, mas saberá você *quem* está se utilizando da ioga? Em outras palavras: Saberá você quem é você mesmo e de que modo é constituído?"

869   O poder da ciência e da técnica na Europa é tão grande e tão incontestável que é quase uma pura perda de tempo procurar saber o que se pode fazer e o que já se inventou. Sentimo-nos tomados de pavor diante das imensas possibilidades do europeu. E aqui uma questão inteiramente diferente começa a se delinear: *Quem* emprega este poder? Em mãos *de quem* se encontra esta capacidade de ação? O Estado é ainda por algum tempo um instrumento preventivo que

Psicologia e religião oriental

aparentemente protege o cidadão contra a massa incalculável de venenos e de outros meios infernais de destruição; estes podem ser produzidos sempre a curtíssimo prazo e em toneladas. O poder tornou-se de tal modo perigoso que é cada vez mais premente a questão, não tanto de saber o que ainda se pode fazer, mas de que modo deveria ser constituído o homem ao qual se confia o controle deste "poder", ou de que maneira se poderia mudar a mentalidade do homem ocidental para que renunciasse a seu terrível poder. Seria infinitamente mais importante tirar-lhe a ilusão desse poder do que reforçá-lo na errônea convicção de que pode tudo quanto quer. O *slogan* "Querer é poder" custou a vida a milhões de pessoas.

O homem ocidental *não* necessita da superioridade sobre a natureza, tanto dentro como fora, pois dispõe de ambas as coisas de maneira perfeita e quase diabólica. O que ele, porém, não tem é o reconhecimento consciente de sua própria *inferioridade* em relação à natureza, tanto à volta como dentro de si. O que deveria aprender é que não é como ele quer que ele pode. Se não estiver consciente disto, destruirá a própria natureza. Desconhece sua própria alma que se rebela contra ele de maneira suicida.

Como tem o poder de transformar tudo em técnica, em princípio tudo quanto tem aparência de método é perigoso e está fadado ao insucesso. Porque a ioga é também uma higiene, é útil ao homem como qualquer outro sistema. Mas entendida no sentido mais profundo do termo não é apenas isto. O que ela pretende – se não estou enganado – é desprender, libertar definitivamente a consciência de todas as amarras que a ligam ao objeto e ao sujeito. Como, porém, não se pode libertar o indivíduo daquilo de que ele não está consciente, o europeu deve primeiramente aprender a conhecer o sujeito, que no Ocidente é chamado o *consciente*. O método da ioga está voltado exclusivamente para a consciência e para a vontade consciente. Um procedimento como este só é promissor se o inconsciente não possuir qualquer potencial digno de nota, isto é, se não encerrar grande parte da personalidade. Se o empreende, então todos os esforços conscientes serão baldados e o produto desta atitude de crispação é uma caricatura ou mesmo o oposto do que se esperaria como resultado natural.

872 Uma parte considerável e importante do inconsciente se acha expressa através da rica metafísica e do rico simbolismo do Oriente, reduzindo, com isto, o potencial desse mesmo inconsciente. Quando o iogue fala em prâna, tem em mente muito mais do que a simples respiração. Na palavra prâna ele ouve ainda o eco de toda a componente metafísica, e é como se realmente soubesse o que prâna significa também sob este aspecto. Não o sabe pelo entendimento, mas pelo coração, pelo ventre e pelo sangue. O europeu, porém, aprende de cor e imita conceitos e, por isto, não está em condições de exprimir sua realidade subjetiva através do conceito hindu. Para mim é quase fora de dúvida que o europeu, se pudesse ter as experiências que correspondem à sua índole, dificilmente escolheria justamente um conceito como o de prâna para expressar esta experiência.

873 Originariamente, a ioga era um processo natural de introversão que se operava com todas as suas variantes individuais possíveis. Tais introversões provocam estranhos processos internos que alteram a personalidade. Estas introversões foram-se organizando paulatinamente em métodos, no curso dos milênios, e isso das maneiras mais variadas possíveis. A própria ioga hindu conheceu um sem-número de formas estranhamente diversas. O motivo foi a diversidade original das experiências individuais. Com isto não queremos absolutamente dizer que qualquer um destes métodos se aplica à estrutura histórica específica do europeu. Pelo contrário, é provável que sua ioga natural derive de modelos históricos que o Oriente desconhece.

874 Na verdade, as duas tendências culturais que, no Ocidente, mais ocuparam-se praticamente com a alma, isto é, a medicina e a cura católica da alma, geraram métodos que podemos muito bem comparar com a ioga. Já mencionei os exercícios espirituais da Igreja Católica. Quanto à medicina, são precisamente alguns dos métodos psicoterapêuticos modernos os que mais se aproximam da ioga. A psicanálise de Freud consiste em fazer com que a consciência do paciente remonte, de um lado, ao mundo interior das reminiscências infantis e, de outro, aos desejos e impulsos recalcados pela consciência. Este processo é um desenvolvimento lógico e consequente da prática da confissão. O seu intuito é provocar uma introversão, a fim de tornar conscientes as componentes inconscientes do sujeito.

Psicologia e religião oriental

75

Um método um pouco diferente é o chamado *training autógeno*, 874
proposto por J.H. Schultz[3] que adota de propósito o caminho da ioga.
Seu escopo principal é eliminar a atitude crispada de resistência da
consciência e os recalques do inconsciente provocados por ela.

A minha metodologia se baseia, como a de Freud, na prática da 875
confissão. Como ele, também levo em conta os sonhos, mas é na maneira de apreciar os sonhos que nossas concepções divergem. Para ele,
o inconsciente é essencialmente um pequeno apêndice da consciência
no qual estão reunidas todas as incompatibilidades. Para mim o inconsciente é uma disposição psicológica coletiva de natureza criativa.
Dessa divergência radical decorre também uma maneira totalmente
diversa de apreciar o simbolismo e seu método de interpretação. Freud
procede de maneira essencialmente analítica e redutiva. Eu, porém,
acrescento também um procedimento sintético que põe em relevo o
caráter finalístico das tendências inconscientes em relação ao desenvolvimento da personalidade. Este ramo da pesquisa trouxe à luz importantes paralelos com a ioga, especialmente com a Kundalini-ioga e
com a simbólica tanto da ioga tântrica do lamaísmo, quanto da ioga
taoista da China. Estas formas de ioga e seu rico simbolismo nos forne-
ceram materiais comparativos preciosíssimos para a interpretação do
inconsciente coletivo. Mas, em princípio, não aplico todos os métodos
da ioga, porque nada deve ser imposto ao inconsciente, no Ocidente.
O mais das vezes, a consciência é de uma *intensidade* e de uma *exigui-
dade convulsivas* e por isto não convém acentuá-las ainda mais. Devemos, pelo contrário, tanto quanto possível, ajudar o inconsciente a
atingir a consciência, para arrancá-la de seu entorpecimento. Para este
fim, utilizo também uma espécie de método de *imaginação ativa* que
consiste em um *training* especial de desligamento da consciência, para
ajudar os conteúdos inconscientes a se expandirem.

Se procedo assim de forma tão acentuadamente crítica e negativa 876
no confronto da ioga, isto não significa de modo algum que eu não
considere as aquisições espirituais do Oriente como o que de mais
grandioso o espírito humano jamais criou. Espero que de minha exposição resulte com suficiente clareza que minha crítica se volta úni-

---

3. Cf. SCHULTZ, J.H. *Das autogene Training*. Berlim: [s.e.], 1932.

ca e exclusivamente contra a aplicação da ioga ao homem do Ocidente. A evolução espiritual do Ocidente seguiu caminhos totalmente diversos dos do Oriente, razão pela qual surgiram condições sumamente desfavoráveis para a aplicação da ioga. A civilização ocidental tem pouco menos de mil anos de existência; ela deve primeiramente libertar-se de suas unilateralidades bárbaras. Para isto é preciso uma percepção e uma visão mais profundas da natureza do homem. Mas com a repressão e a dominação não se chega a conhecimento algum, e menos ainda com a imitação de métodos que surgiram de condições psicológicas totalmente diversas. Com o perpassar dos séculos o Ocidente irá formando sua própria ioga, e isto se fará sobre a base criada pelo cristianismo.

Prefácio à obra de Suzuki: A Grande Libertação[1]

> Aquele para quem
> o tempo é como a eternidade
> e a eternidade é como o tempo
> livre está de qualquer conflito.[1a]
>
> *Jakob Böhme* (1575-1624)

As obras de Daisetz Teitaro Suzuki sobre o zen-budismo constituem uma das melhores contribuições produzidas nos últimos decênios para o conhecimento do budismo vivo. O próprio zen é, talvez, o fruto mais importante que surgiu dessa árvore cujas raízes são as coleções do Cânon Páli[2]. Não podemos ser suficientemente gratos ao autor: em primeiro lugar, pelo fato de ter tornado o zen acessível à compreensão ocidental, e, em segundo lugar, da maneira pela qual se desincumbiu da tarefa que se propôs. As concepções religiosas do Oriente são em geral de tal forma diferentes das ocidentais que mesmo uma tradução puramente literal nos coloca diante das maiores dificuldades, sem falar do sentido de certos termos que, dependendo do contexto, é até mesmo preferível deixar sem traduzir. Cito apenas um exemplo, o da palavra chinesa "Tao" para a qual até agora não foi possível encontrar, nem mesmo aproximadamente, uma tradução

---

1. SUZUKI, D.T. *Die Grosse Befreiung. Einführung in den Zen-Buddhismus*, 1939. Nova edição, 1958. (Edição brasileira: *Introdução ao Zen-Budismo*. Rio de Janeiro: Civilização Brasileira, 1961).

1a. Wem Zeit ist wie Ewigkeit / Und Ewigkeit wie die Zeit, / Der ist befreit / Von allen Streit.

2. A origem do zen é, como indicam os próprios autores orientais, o "Sermão da Flor", pregado por Buda que, certa vez, apresentou silenciosamente uma flor aos discípulos reunidos em assembleia. Somente Kasyapa o entendeu. (Shuei) Ohasama, *Zen. Der lebendige Buddhismus in Japan* (O zen-budismo no Japão), 1925, p. 3.

europeia. Os próprios escritos budistas primitivos contêm pontos de vista e ideias quase inassimiláveis pelo europeu comum. Não sei quais os pressupostos espirituais (ou climáticos?) e a preparação necessários para que se possa ter uma ideia ou uma imagem suficientemente clara acerca da concepção budista primitiva do "Kamma". À luz do que sabemos a respeito da essência do zen, trata-se também aqui de uma concepção central de inigualável singularidade. Essa estranha acepção é designada pelo termo *satori* e pode ser traduzida por "iluminação". "Satori é a 'raison d'être' [a razão de ser] do zen, e sem o satori não há zen", afirma Suzuki[3]. Creio que não é muito difícil para a mente ocidental captar o que um místico entende por "iluminação" ou o que é conhecido como tal na linguagem religiosa. *Satori* designa uma forma e um caminho para a iluminação, que é quase inacessível à compreensão do europeu. Reporto-me aqui à iluminação de Hyakujo (Pai-Chang Huai-Hai, 724-814 d.C) e à lenda de Kozan-koku (Huang Shan-Ku), poeta e estadista confuciano, tais como as descreve Suzuki na obra em questão[4].

878   O que se segue também poderá servir de exemplo: Certa vez, um monge foi ter com Gensha, desejando saber onde ficava a entrada do caminho que conduz à verdade. Gensha perguntou-lhe: "Estais ouvindo o murmúrio do regato?" "Sim, estou ouvindo", respondeu o monge. "É lá que está a entrada", ensinou-lhe o mestre.

879   Contentar-me-ei com estes poucos exemplos que ilustram suficientemente a opacidade da experiência vital do *satori*. Mesmo que citássemos muitos outros exemplos, acharíamos extremamente difícil saber como se chega a esta iluminação e em que ela consiste. Ou, em outras palavras, saber o que nos ilumina e a respeito de que somos iluminados. Kaiten Nukariya, professor do colégio budista Tö-Shü de Tóquio, diz-nos, falando da iluminação: "Uma vez libertados da falsa concepção de si-mesmo, temos de despertar nossa mais íntima e pura sabedoria divina, chamada pelos mestres do zen a mente de Buda (Mind of Buddha) ou Bodhi (o conhecimento pelo qual o indivíduo experimenta a iluminação) ou Prajnã (suprema sabedoria). É a

---

3. SUZUKI, D.T. *Die Grosse Befreiung*. Op. cit., p. 133.
4. Ibid., p. 124 e 128s.

Psicologia e religião oriental

luz divina, o céu interior, a chave de todos os tesouros do espírito, o ponto central do pensamento e da consciência, a fonte de onde brotam a força e o poder, a sede da bondade, da justiça, da compaixão e da medida de todas as coisas. Quando este conhecimento interior é plenamente despertado, estamos aptos para compreender que cada um de nós se identifica em espírito, essência e natureza com a vida universal ou Buda; que cada um de nós recebe a graça transbordante do Santo Ser (Buda); que ele suscita nossas forças morais, abre nossos olhos espirituais, desenvolve nossas capacidades, comunica-nos uma missão, e que a vida não é um mar de nascimentos, de doenças, de velhice e morte, nem um vale de lágrimas, e sim o templo santo de Buda, 'a Terra Pura' (Sukhavati, a terra da bem-aventurança), onde poderemos gozar as delícias do Nirvana. Então nosso espírito será totalmente transformado. Já não seremos perturbados pela cólera e pelo ódio, nem feridos pela inveja e pela ambição, nem incomodados pelas preocupações e cuidados, ou atormentados pela tristeza e pelas dúvidas"[5].

É desta maneira que um oriental, e ainda por cima conhecedor do zen, expressa-se sobre a essência da iluminação. Temos de admitir que esta passagem necessitaria apenas de pequenas alterações para figurar tranquilamente em qualquer devocionário místico cristão. Mas ela nos deixa insatisfeitos diante da tentativa de compreender a experiência vital do satori descrita nesta ampla dissertação. É provável que Nukariya se dirija ao racionalismo ocidental do qual ele próprio sorveu uma boa dose, e esta é a razão pela qual tudo soa tão banalmente edificante. É preferível a abstrusa obscuridade das historietas do zen a esta adaptação *ad usum Delphini*. Elas dizem pouco, mas, de certo modo, transmitem muito mais do que dizem.

O zen é tudo, menos filosofia no sentido ocidental da palavra[6]. Esta é também a opinião expressa por Rudolf Otto em sua introdução ao livro de Ohasama sobre o zen, quando afirma que Nukariya identifica o "mágico mundo oriental das ideias com nossas categorias filosóficas ocidentais", confundindo-as entre si. "Caso se invoque o paralelismo psicofísico, que é a mais férrea das doutrinas, para expli-

---

5. NUKARIYA, K. *The Religion of the Samurai*, 1913, p. 133
6. "O Zen não é psicologia, nem filosofia". SUZUKI, D.T. *Essays in Zen Buddhism*, II, op. cit., p. 84.

car esta intuição mística da não dualidade, da unidade e da 'coincidentia-oppositorum', seremos com certeza completamente expulsos da esfera do Kôan, do Kwatsu e do Satori"[7]. É infinitamente preferível deixar-se impregnar profundamente e de antemão pela estranha obscuridade das historietas do zen e ter sempre presente que o satori é um *mysterium ineffabile*, como aliás pretendem os próprios mestres do zen. Entre as historietas e a iluminação mística há, em nosso entender, um imenso abismo. A possibilidade de transpô-lo poderá quando muito ser indicada, mas nunca será atingida na prática[8]. O indivíduo tem aqui a impressão de tocar, por assim dizer, num verdadeiro mistério e não em algo apenas imaginado ou pretendido. Isto é, não se trata de um segredo mistificador e sim de uma experiência viva que bloqueia qualquer linguagem. O satori nos atinge como algo de novo, como algo que não esperávamos.

882 Quando, no seio do cristianismo, surgem as visões da Santíssima Trindade, da Mãe Santíssima, do Crucificado ou do Santo Padroeiro, depois de longa preparação espiritual, temos a impressão de que tudo isto deve ser mais ou menos assim. Também é compreensível que Jacob Böhme num relance de olhos tenha penetrado no *centrum naturae* (coração da natureza) através de um raio de sol refletido num disco de estanho. Entretanto, é mais difícil digerir a visão de Mestre Eckhart a respeito do "garotinho nu"[9], ou mesmo a visão de Swedenborg sobre o "homem do manto vermelho" que queria livrá-lo do vício da gula e a quem ele, apesar disso, ou talvez justamente por isso, reconheceu como o Senhor Deus[10]. Tais coisas são difíceis de aceitar, pois se aproximam do grotesco. Muitas das experiências do satori, porém, não somente raiam pelos limites do grotesco, como são grotescas, parecendo completamente sem sentido.

---

7. OTTO, R. in: OHASAMA, *Zen*, p. VIII

8. Embora eu tente, apesar de tudo, dar "explicações" nas páginas que se seguem, estou plenamente cônscio de que tudo o que eu disser é destituído de valor, no sentido do satori. Devo, entretanto, tentar manobrar nossa compreensão ocidental, visando pelo menos obter um entendimento aproximado, tarefa esta de tal modo difícil, que nos torna réus de alguns crimes contra o espírito do zen.

9. Cf. *Texte aus der deutschen Mystik des 14. und 15. Jahrhunderts*. Org. por Adolf Spamer, 1912, p. 143.

10. WHITE, W. *Emanuel Swedenborg*, 1867, I, p. 243.

Psicologia e religião oriental　　　　　　　　　　　　　　　81

Mas para alguém que se tenha dedicado com amor e compreen-　883
são e por tempo considerável ao estudo da natureza do espírito do
longínquo Oriente, muitas destas coisas surpreendentes, que levam o
europeu comum de perplexidade em perplexidade, acabam por desaparecer. O zen é, na verdade, uma das flores mais maravilhosas do espírito oriental[11] docilmente impregnada pelo imenso mundo do pensamento budista. Por isso, quem se esforçou por compreender a doutrina do Budismo, até certo ponto – ou seja, renunciando a certos
preconceitos ocidentais – chegará a captar determinadas profundida-
des por sob o manto bizarro das experiências individuais do satori,
ou percebendo as inquietantes dificuldades que o Ocidente filosófico
e religioso se acreditava até então autorizado a ignorar. Como filósofo, o indivíduo se ocupa exclusivamente com aquela preocupação que,
de sua parte, nada tem a ver com a vida. E como "cristão" nada tem a
ver com o paganismo. ("Senhor, eu te dou graças porque não sou
como aquele ali", Lc 18,11). Não há satori dentro destes limites ocidentais. Esta é uma questão puramente oriental. Mas será realmente
assim? Será que não temos realmente satori?

Quando lemos atentamente os textos do zen, não podemos fugir　884
à impressão de que, apesar de tudo o que neles parece bizarro, o satori é, de fato, um *acontecimento natural*. Trata-se de uma coisa tão
simples[12] que não podemos ver a floresta por causa das árvores, e qualquer tentativa de explicá-lo nos leva sempre a uma confusão maior.
Nukariya tem razão, portanto, ao afirmar que toda tentativa de explicar ou analisar o conteúdo do zen ou iluminação seria inútil. Mas,
ainda assim, esse autor ousa dizer que a iluminação comporta uma
percepção da natureza do si-mesmo[13] e é uma emancipação da cons-

---

11. "Não há dúvida de que o zen é um dos mais preciosos e sob muitos aspectos um
dos mais notáveis dons com que o homem oriental foi abençoado". SUZUKI, D.T.
Essays, I, op. cit., p. 249.

12. Um mestre ensinava: "Antes de alguém estudar o zen, as montanhas são para ele
montanhas e as águas são águas. Quando, porém, conseguir uma percepção da verdade do zen, mediante as instruções ministradas por um bom mestre, as montanhas não
são para ele mais montanhas, nem as águas são águas. Mais tarde, quando tiver alcançado o local do repouso (isto é, quando tiver atingido o satori), as montanhas serão novamente montanhas para ele e as águas serão novamente águas" (Ibid., p. 12).

13. Em: *The Religion of the Samurai*, p. 123.

ciência em relação à ilusória concepção do si-mesmo[14]. A ilusão referente à natureza do si-mesmo é a habitual confusão que se faz entre o eu e o si-mesmo. Pelo termo "si-mesmo" Nukariya compreende o Buda total, isto é, a totalidade pura e simples da consciência da vida. Ele cita Pan Shan que dizia: "A lua do espírito (mind) encerra todo o universo em sua luz", e acrescenta: "É a vida e o espírito (spirit) cósmicos e, ao mesmo tempo, a vida e o espírito (spirit) individuais"[15].

885   Qualquer que seja a definição do *si-mesmo*, ele é algo que difere do eu. E desde que uma compreensão mais elevada do eu nos conduz ao si-mesmo, este último deve ser algo de maior e mais amplo que engloba a experiência do eu e, por isso mesmo, ultrapassa-o. Da mesma forma que o *eu* é uma certa experiência do meu próprio ser, assim também o si-mesmo é uma experiência de mim próprio, a qual, entretanto, já não é vivida sob a forma de um eu mais amplo ou mais alto, e sim sob a forma de um *não eu*.

886   Tais pensamentos são também familiares ao autor da *Deutsche Theologie* (Teologia Alemã): "À medida que uma criatura se torna consciente desta sua perfeição, ela perde por completo seu caráter de criatura, sua índole de ser criado, sua quidade, sua ipseidade"[16]. Quando considero que existe algo de bom em mim mesmo, isto provém da ilusão de que sou bom. Isto é sempre um sinal de imperfeição e de tolice. Se estivesse consciente da verdade, também estaria consciente de que não sou bom, de que o bem não é meu nem provém de mim". "Por isso, conclui o homem: Que pobre tolo eu sou! Estava iludido de que era bom, mas eis que percebo que aquilo *era* e é realmente Deus"[17].

887   O que acima foi dito já nos dá uma ideia bastante satisfatória do "conteúdo da iluminação". O processo do satori é formulado e interpretado como uma *ruptura* e uma passagem da consciência limitada na forma do eu, para a forma do *si-mesmo que não tem um eu*. Esta con-

---

14. Ibid., p. 124. "A iluminação inclui uma visão da natureza do si-mesmo. E uma libertação do espírito (mind) de toda ilusão a respeito do si-mesmo".

15. Ibid., p. 132.

16. *Das Büchlein von vollkommenen Leben*. Org. por H. Büttner, 1907, p. 4.

17. Op. cit., p. 8.

Psicologia e religião oriental   83

cepção corresponde ao zen, bem como à mística do Mestre Eckhart. O mestre diz no seu sermão sobre os *beati pauperes spiritu* [bem-aventurados os pobres de espírito]: "Quando saí de Deus, todas as coisas diziam: Há um Deus! Mas isto não pode fazer-me bem-aventurado, pois juntamente com isso percebo que sou uma simples criatura. Mas é na *ruptura*[18], quando desejo permanecer pura e simplesmente na vontade de Deus e livre também da sua vontade, de todas as suas obras e do próprio Deus, então é que sou mais do que todas as criaturas, pois não sou nem Deus nem criatura: *sou o que era e o que permanecerei sendo*, agora e para sempre! Então recebo um *impulso* que me eleva acima dos anjos. Este impulso me torna tão rico, que Deus já não pode me satisfazer, mesmo em face do que Ele é como Deus e de todas as suas obras divinas, pois nessa ruptura percebo que eu e Deus somos uma e mesma coisa. *Eu sou então o que era*[19], pois nem cresço nem diminuo; sou um ser imóvel que move todas as coisas. Aqui Deus não habita mais no interior do homem, pois o homem, com sua pobreza, alcançou novamente o que sempre foi e será eternamente"[20].

Nesta passagem, o mestre está realmente descrevendo uma experiência do satori, uma substituição do eu pelo si-mesmo, que possui a "natureza de Buda", ou seja, a universalidade divina. Por modéstia científica, não pretendo fazer aqui uma afirmação metafísica e sim expressar a opinião de que uma mudança de consciência pode ser experimentada, além do que considero o satori sobretudo como um *problema psicológico*. Para aquele que não partilha ou não compreende este ponto de vista, tal "explicação" se reduzirá a meras palavras, incapazes de lhe oferecer, portanto, uma significação tangível. Não estará apto, então, a fazer destas abstrações uma ponte que o leve até os fatos relatados, ou melhor, não está em condições de compreender

888

---

18. Há uma imagem semelhante no zen: quando perguntaram a um mestre em que consistia o budato (estado búdico), ele respondeu: "O fundo do jarro está quebrado" (SUZUKI, D.T. *Essays*, I, op. cit., p. 217). Outra semelhança é a da "ruptura (rasgão) do saco" (Ibid., p. 100).

19. Cf. ibid., p. 220, 241. O Zen é um relance de olhos na natureza original do homem, ou o conhecimento do homem original. Cf. tb. SUZUKI, D.T. *Die Grosse Befreiung*. Op. cit., p. 144.

20. *Meister Eckeharts Schriften und Predigten*. Op. cit., p. 176s.

de que modo o perfume do loureiro em flor [21] ou um nariz adornado de pincenê[22] poderiam provocar mudança tão grande na consciência. A coisa mais simples seria, naturalmente, relegar todas estas estórias para o domínio dos divertidos contos de fada ou, caso aceitemos os fatos tais como são, considerá-los pelo menos como exemplos de ilusão. (Seria preferível empregar aqui a expressão "autossugestão", este pobre traste jogado no arsenal dos conceitos espirituais inadequados!). Um estudo sério e responsável desse estranho fenômeno não pode passar tranquilamente ao largo do caráter real dos fatos. Nunca estamos em condições de decidir, definitivamente, se uma pessoa foi *realmente* "iluminada" ou "redimida", ou se apenas imagina que o tenha sido. Falta-nos para isto qualquer critério. Além disso, sabemos muito bem que uma dor imaginária é muitas vezes mais dolorosa do que uma dor pretensamente real, pois é acompanhada de um sofrimento moral sutil, provocado por um sombrio e secreto sentimento de culpa pessoal. Não se trata portanto de um "fato concreto", mas de uma *realidade espiritual*, isto é, de um acontecimento psíquico do processo conhecido por satori.

889   Todo conhecimento espiritual é uma imagem e uma *imaginação*. Se assim não fosse, não haveria consciência nem fenomenalidade da ocorrência. A própria imaginação é também um fato psíquico. Por isso, é inteiramente irrelevante dizer-se que uma "iluminação" é "real" ou "imaginária". O iluminado, ou o que alega sê-lo, julga, em qualquer dos casos, que o é. A opinião dos outros nada significa para ele em relação à própria experiência. Mesmo que esteja mentindo, sua mentira seria um fato psicológico. Sim, ainda que todos os relatos religiosos nada mais fossem do que invenções e falsificações conscientes, poderia ser escrito um tratado psicológico muito interessante a respeito de tais mentiras, com o mesmo rigor científico apresentado pela psicopatologia das ilusões. O fato de que exista um movimento religioso para o qual inúmeras e brilhantes capacidades trabalharam durante muitos séculos é motivo suficiente para fazer-se pelo menos

---

21. SUZUKI, D.T. *Die Grosse Befreiung*, p. 129.
22. Ibid., p. 124.

Psicologia e religião oriental   85

uma tentativa séria no sentido de trazer tais conhecimentos para a esfera da compreensão científica.

Levantei acima a questão de saber se entre nós, no Ocidente,   890
existe algo que se assemelhe ao satori. Se excetuarmos o que disse-
ram os místicos ocidentais, a um exame superficial nada existe, nem
de longe, que se possa comparar a tal processo. Nosso modo de pensar não leva em consideração a possibilidade da existência de degraus
no desenvolvimento da consciência. A simples ideia de que há uma
diferença tremenda entre a consciência da existência de um objeto e a
"consciência da consciência" de um objeto já toca as raias de uma su-
tileza que mal se pode justificar. Dificilmente alguém se atreveria a
tomar este problema tão a sério, percebendo plenamente as condições
psicológicas que estão na base de tais problemas. Característico é o
fato de que a formulação desta e de outras questões semelhantes não
são devidas em geral a uma necessidade psicológica, mas ocorrem
quase sempre quando se acham enraizadas em uma prática originariamente religiosa. Na Índia foi a ioga e na China o Budismo que pro-
porcionaram a força propulsora para a tentativa de se desprender dos
liames de um estado de consciência considerado imperfeito. Quanto
ao que sabemos da mística ocidental, seus textos estão cheios de instruções indicando como o homem poderá e deverá libertar-se do sentido da egoidade de sua consciência, de modo que, mediante o conhecimento de seu próprio ser, possa elevar-se acima dele e alcançar
o homem interior (divinizado). Ruysbroeck faz uso de uma imagem
que a filosofia hindu também conhece, isto é, da árvore que tem as
raízes em cima e a copa embaixo[23]. "Ele deve subir na árvore da fé
que cresce para baixo, pois tem as raízes fincadas na divindade"[24].
Ruysbroeck também se expressa como a ioga: "O homem deve ser livre e sem imagens. Livre de tudo o que o liga aos outros e vazio de to-

---

23. "Há uma velha árvore cujas raízes crescem para cima e os ramos para baixo... Cha-
ma-se Brama e somente ela é imortal". *Katha-Upanishad*, II Adhyâya, 6 Vallî, I.

24. RUYSBROECK, J. of. *The Adornment of the Spiritual Marriage*, 1916, p. 47. Certamente não se pode dizer que o místico flamengo, nascido em 1273, tenha tomado
emprestada esta imagem, por exemplo, dos textos hindus.

das as criaturas"[25]. "Não deve ser perturbado pela luxúria e pelo sofrimento, pelo lucro e pelas perdas, pelas ascensões e pelas quedas, pelas preocupações em relação aos outros, pelos prazeres e pelo temor, e não deve apegar-se a qualquer criatura"[26]. É daí que resulta a "unidade" do ser, e esta unidade significa um "estar-voltado-para-dentro-de-si". O estar voltado para dentro de si significa "que o homem está orientado para dentro de si mesmo, para dentro do próprio coração, de modo que pode sentir e compreender a ação interior e as palavras íntimas de Deus"[27]. Esta nova disposição da consciência, surgida da prática religiosa, não se caracteriza pelo fato de que as coisas exteriores não afetam mais a consciência da egoidade da qual se originara uma recíproca vinculação, mas sim pela circunstância de que uma consciência vazia permanece aberta a uma outra influência. Esta "outra" influência não é mais sentida como uma atividade própria, e sim como a atuação de um não eu que tem a consciência como seu objeto[28]. É, por conseguinte, como se o caráter subjetivo do eu fosse transferido ou assumido por outro sujeito, que tomasse o lugar do eu[29]. Temos aqui a conhecida experiência religiosa já formulada por Paulo[30]. É fora de dúvida que se trata da descrição de um novo estado de consciência, separado do primeiro por um processo de profunda transformação religiosa.

891 Pode-se objetar que a *consciência em si* não mudou, mas somente a *consciência de alguma coisa*. É como se tivéssemos virado a página de um livro e agora víssemos com os mesmos olhos uma figura diferente. Receio que este modo de considerar não seja mais do que uma interpretação arbitrária, pois não leva em conta a realidade dos fatos. A verdade é que o texto não descreve apenas uma imagem ou um ob-

---

25. Ibid., p. 51.

26. Ibid., p. 57.

27. Ibid., p. 62.

28. "Ó Senhor, instruí-me na vossa doutrina que tem suas raízes na natureza da ipseidade do espírito (self nature of mind). Instruí-me na doutrina do não eu" etc. (Cit. extraída do *Lankâvatâra-sûtra*. SUZUKI, D.T. *Essays*, I, op. cit., p. 78).

29. Diz um mestre do zen: "O Buda nada mais é do que o espírito (mind), ou melhor, aquele que anseia por ver este espírito" (Ibid., p. 104).

30. Gl 2,20: "Eu vivo, mas já não sou eu, mas o Cristo que vive em mim".

Psicologia e religião oriental   87

jeto, mas sim a experiência de uma transformação que ocorre muitas
vezes sob as mais violentas convulsões. A extinção de uma imagem e
sua substituição por outro é um fato muito cotidiano que nunca revela as qualidades de uma experiência de transformação. Não se trata
de *estar vendo outra coisa*. É o indivíduo que *vê de outro modo*. É
como se o ato espacial de ver fosse alterado por uma nova dimensão.
Quando o mestre pergunta: "Estás ouvindo o murmúrio do regato?",
certamente está se referindo a uma "audição" inteiramente diversa
da ordinária[31]. A consciência é algo semelhante à percepção e, como
esta, também está sujeita a condições e a limites. Podemos, por exemplo, estar conscientes a diversos níveis, em uma esfera mais ou menos
ampla, mais superficial ou mais profunda. Estas diferenças de grau
são muitas vezes diferenças de modos de ser, pois dependem do desenvolvimento da personalidade em seu todo, isto é, da condição do
sujeito que percebe.

O intelecto não se interessa pela condição do sujeito que perce-   892
be, na medida em que este pensa logicamente. O intelecto se ocupa,
por sua própria natureza, com a assimilação dos conteúdos da consciência e talvez também com os métodos assimilativos. Torna-se necessária uma paixão filosófica para forçar a tentativa de subjugar o
intelecto e avançar até o conhecimento daquele que é o sujeito da
percepção. Tal paixão dificilmente se distingue das forças religiosas
propulsoras, e por isso todo esse problema faz parte do processo de
transformação religiosa que é incomensurável ao intelecto. A filosofia antiga está indubitavelmente e em larga escala a serviço do processo de transformação, o que não se pode afirmar amplamente acerca
da filosofia moderna. Schopenhauer ainda se acha condicionado, até
certo ponto, pelo pensamento antigo. O *Zaratustra* de Nietzsche já
não é mais filosofia, e sim um processo dramático de transformação
que engoliu completamente o intelecto. Não se trata mais de um

---

31. Suzuki diz a respeito dessa mudança: "A forma anterior de contemplação é aban-
donada, e o mundo ganha um novo sentido. Alguns deles (os iluminados) afirmam que
viveram na ilusão ou que seu ser primitivo caiu no esquecimento; outros reconhecem
que até àquele momento nada haviam imaginado a respeito da nova beleza do "vento
refrescante" ou do "brilho da pedra preciosa" (*Essays*, I, op. cit., p. 235. Cf. tb. SU-
ZUKI, D.T. *Die Grosse Befreiung*. Op. cit., p. 122s.).

modo de pensar, e sim do pensador do pensamento no mais alto sentido – e é isto o que transparece em cada página do livro: um novo homem, um homem completamente transformado deve aparecer em cena, um ser que quebrasse as cascas do homem velho e não olhasse apenas para um novo céu e uma nova terra, mas fosse, ele mesmo, quem os criasse. Angelus Silesius exprimiu este fato, por certo mais modestamente do que Zaratustra:

> "Meu corpo é uma casca na qual um pintainho
> será chocado pelo Espírito da eternidade"[32].

893　　No âmbito cristão, o satori corresponde a uma *experiência religiosa de transformação*. Como existem, entretanto, diversos graus e tipos desta experiência, não seria supérfluo designar com maior precisão a categoria que mais corresponde à experiência do zen. Trata-se, sem a menor dúvida, de uma experiência mística que se distingue de outras similares pelo fato de sua preparação consistir em um *deixar correr*, em um *esvaziar-se de imagens*, e coisas semelhantes. E isto em contraste com experiências religiosas que se baseiam, como os *Exercícios* de Inácio de Loyola, na exercitação e na *imaginação* de imagens sagradas. Eu gostaria de concluir também nesta última categoria a transformação que se realiza no Protestantismo mediante a fé, a oração e a experiência comunitária, pois trata-se aqui não de uma "vacuidade" ou de "uma libertação", mas de uma suposição claramente definida. A definição característica da "libertação": "Deus é um nada", parece incompatível, em princípio, com a contemplação da paixão, da fé e da expectativa da comunidade.

894　　Desta forma, a analogia do satori com a experiência ocidental se circunscreve àqueles poucos místicos cristãos cujos ditos, pelo amor do paradoxo, tocam as fronteiras da heterodoxia, ou até mesmo a ultrapassam. Foi esta a qualidade que, como se sabe, determinou a condenação, por parte da Igreja, das obras de Mestre Eckhart. Fosse o Budismo uma "igreja" no sentido em que usamos esta palavra, o movimento zen, por certo, teria sido um fardo intolerável para ela. A razão disto é a forma extremamente pessoal que se conferiu ao méto-

---

32. "Mein Leib ist eine Schal', in dem ein Küchelein vom Geist der Ewigkeit will ausgebrütet sein." *Des Angelus Silesius Cherubinischer Wandersmann.*

Psicologia e religião oriental

do, bem como à atitude iconoclasta de muitos de seus mestres[33]. Assim como é o zen um movimento, formas coletivas têm sido modeladas no decurso dos séculos, tal como se pode ver no trabalho a respeito da formação dos monges zen-budistas[34]. Mas quanto à forma e ao conteúdo, elas se referem apenas ao exterior. À parte a característica do estilo de vida, o processo de formação e educação dos discípulos parece consistir no método do koan. Por koan se entende uma questão paradoxal, uma expressão ou ação do mestre. Pela descrição de Suzuki, parece que se trata principalmente de perguntas dos mestres transmitidas sob a forma de historietas. Estas são propostas por um instrutor à meditação de seu discípulo. Um exemplo clássico é a estória do Wu e do Mu: Certa vez, um monge perguntou ao mestre: "O cão possui também a natureza de Buda?" Ao que o mestre respondeu: "Wu". Como observa Suzuki, este "Wu" significa simplesmente wu, isto é, o mesmo que o próprio cão teria dito em resposta à questão[35].

À primeira vista, parece que a proposta desta questão como objeto de meditação já é uma antecipação do resultado final e que o conteúdo da experiência estaria assim determinado, à semelhança dos exercícios jesuíticos ou de certas meditações cujo objeto é definido por uma tarefa indicada pelo mestre. Os koans, entretanto, são de tão grande variedade, de tal ambiguidade e, além do mais, tão tremendamente paradoxais, que mesmo um bom conhecedor do assunto não logrará atinar com aquilo que poderia emergir como solução adequada. Além disso, as descrições da experiência final são de tal modo obscuras, que em nenhum caso o indivíduo conseguiria perceber, sem objeções, uma conexão racional entre o koan e a experiência. Visto ser impossível provar qualquer sucessão lógica, é de su-

---

33. "Satori é a mais íntima de todas as experiências individuais" (SUZUKI, D.T. *Essays*, I, op. cit., p. 247). Um mestre dizia a seu discípulo: "Na realidade, eu não comuniquei nada, e mesmo que o tentasse fazer, eu te daria o ensejo de zombar de mim mais tarde. Além disso, tudo o que te posso ensinar me pertence e nunca se tornará teu" (Ibid., p. 227). Um monge dizia a seu mestre: "Procurei o Buda, mas não sei como devo continuar minha indagação". "É o mesmo que procurares a vaca em que estás montado" (Ibid., II, p. 59). Um mestre dizia: "Buda é o intelecto que não entende. Não existe outro" (Ibid., II, p. 57).

34. SUZUKI, D.T. *The Training of the Zen-Buddhist Monk*.

35. SUZUKI, D.T. *Essays*, II, op. cit., p. 74.

por-se que o método do koan não coloca obstáculo algum à liberdade das ocorrências psíquicas e que o resultado, portanto, não decorre senão da *disposição individual* do iniciando. A completa destruição do intelecto racional, visada na formação do monge, cria uma falta de pressuposto quase absoluta da consciência. Mas por mais que se exclua este pressuposto, não se elimina o pressuposto inconsciente: a disposição psicológica existente, mas não percebida, é tudo, menos um vazio e uma falta de pressuposto. Trata-se de um fator natural, e quando ele responde – coisa que acontece, evidentemente, na experiência do satori – é uma *resposta da natureza* que consegue canalizar diretamente a sua reação para a consciência[36]. O que a natureza inconsciente do discípulo opõe ao mestre ou ao koan como resposta é, obviamente, satori. É este, pelo menos, o ponto de vista que me parece exprimir mais ou menos adequadamente a essência do satori, de acordo com o que nos dizem as descrições. Esta concepção se apoia também no fato de que "a visão da própria natureza", o "homem original" e a profundeza do ser constituem, em muitos casos, para o mestre do zen, uma aspiração toda especial[37].

896   O zen difere de todas as outras práticas filosóficas e religiosas de meditação pela *ausência radical de pressupostos*. O próprio Buda, muitas vezes, é severamente rejeitado e até mesmo quase blasfemicamente menosprezado, muito embora ou talvez precisamente pelo fato de poder ser apresentado como o exemplo mais frisante de um pressuposto espiritual à prática da ascese. Ele é também uma imagem e, portanto, deve ser rejeitado. Nada deve existir, a não ser o que realmente aí se encontra: tal é o homem com sua completa e inconsci-

---

36. SUZUKI, D.T. (Ibid., p. 46) diz textualmente: "... a consciência do zen deve desenvolver-se até atingir a maturidade. Quando se tornar madura, com certeza irromperá na *forma do satori, que é uma mirada do inconsciente*".

37. A quarta máxima do zen diz: "Ver a própria natureza é alcançar o budato (estado búdico)" (Ibid., p. 7 e 204s.). Certa vez um monge pediu a Hui-nêng que o instruísse e o mestre respondeu: "Mostra-me a tua face original, a que tinhas antes de nascer" (Ibid., I, p. 210). Diz um livro japonês a respeito do Zen: "Se queres o Buda, olha para dentro de tua própria natureza, pois esta natureza é o próprio Buda" (Ibid., I, p. 219). Uma experiência do satori revela o "homem original" ao mestre (Ibid., I, p. 241). Hui-nêng dizia: "Não penses no bem, não penses no mal, mas considera no momento presente qual era o aspecto original que já possuías, antes de nascer" (Ibid., II, p. 28).

Psicologia e religião oriental

ente pressuposição espiritual, da qual não pode libertar-se, precisamente por ser inconsciente. Por isso, a resposta que parece surgir do vazio, isto é, a luz que brilha do seio das trevas mais densas, sempre tem sido sentida como uma iluminação maravilhosa e beatificante.

O mundo da consciência é, inevitavelmente, um mundo cheio de limitações e de muros que bloqueiam os caminhos. Ele é, por natureza, sempre unilateral e esta unilateralidade resulta da essência mesma da consciência. Nenhuma consciência pode abrigar mais do que um número diminuto de representações simultâneas. O restante deve ficar na sombra e subtraído à vista. Aumentar os conteúdos simultâneos provoca, de imediato, um obscurecimento da consciência, ou até mesmo uma perturbação que pode chegar à desorientação. A consciência em si pela própria essência não só exige, mas é uma delimitação rigorosa a um círculo diminuto e portanto bem definido de conteúdos. Devemos nossa orientação geral única e exclusivamente à circunstância de podermos pôr em andamento uma série de imagens comparativamente rápidas, graças à nossa atenção. Esta, porém, representa um esforço que não somos capazes de sustentar por muito tempo. Por isso, temos de nos arranjar, por assim dizer, com um mínimo de representações simultâneas e séries de imagens. Exclui-se, portanto, constantemente, um grande campo de representações possíveis, ficando a consciência sempre limitada a um estreitíssimo círculo. Por isso, é absolutamente impossível imaginar o que aconteceria, se uma consciência individual conseguisse abarcar, de *um só* relance, o quadro simultâneo de tudo quanto se possa imaginar. Se o homem já conseguiu construir o edifício do mundo com as poucas coisas claras e definidas que foi capaz de imaginar simultaneamente, que espetáculo divino descortinaria se pudesse imaginar ao mesmo tempo e com clareza uma multidão de coisas? Esta pergunta só se aplica às representações *possíveis* para nós. Se acrescentarmos a estas os conteúdos inconscientes, isto é, aqueles que ainda não estão em condições ou não são mais capazes de atingir a consciência, e tentarmos então imaginar o espetáculo global, não o conseguiremos. Até mesmo a mais ousada fantasia fracassará. Esta incapacidade de imaginar é, naturalmente, impossível na forma consciente, mas é um fato na forma inconsciente, dado que tudo quanto está situado na zona subliminar é sempre virtualmente representável. O inconsciente é a

897

totalidade, não passível de observação direta, de todos os fatores psíquicos subliminares, um "espetáculo total" de natureza potencial. Ele constitui a disposição total da qual a consciência só retira pequenos fragmentos de cada vez.

898   Quando a consciência é esvaziada, tanto quanto possível de seus conteúdos, estes cairão também em um estado de inconsciência (pelo menos transitório). Este recalque, via de regra, produz-se no zen, subtraindo-se aos conteúdos a energia da consciência e transferindo-a, ou para o conceito do vazio ou para o koan. Como estes dois últimos devem ser estáveis, a sucessão de imagens é abolida e consequentemente também a energia que alimenta o dinamismo da consciência. A quantidade de energia economizada é absorvida pelo inconsciente, reforçando a sua carga natural, até um certo valor máximo. Isto aumenta a facilidade com que os conteúdos inconscientes irrompem na consciência. Como o esvaziamento e o fechamento da consciência não são tarefas fáceis, requer-se um treinamento (training) especial e um período indefinidamente longo[38], para produzir aquele máximo de tensão que levará à eclosão final dos conteúdos inconscientes no âmbito da consciência.

899   Os conteúdos que irrompem na consciência não são absolutamente destituídos de sentido. A experiência psiquiátrica com doentes mentais mostra-nos que há relações peculiares entre os conteúdos da consciência e os delírios e ilusões que nela irrompem. Trata-se das mesmas relações que existem entre os sonhos e a consciência de um homem normal em estado de vigília. A conexão é, em substância, uma *relação compensatória*[39]. Os conteúdos do inconsciente, com efeito, trazem à superfície tudo aquilo que é *necessário*[40], no sentido

---

38. Bodhidharma, o fundador do zen na China, diz: "A incomparável doutrina de Buda só pode ser compreendida depois de uma longa e dura prática, depois de suportar as coisas mais difíceis de serem suportadas e de exercer as coisas mais difíceis de serem exercidas. Os que não têm muita força e sabedoria nada conseguem entender a seu respeito. Todo o esforço de pessoas como estas fracassará inevitavelmente" (Ibid., I, p. 176).

39. Mais provável do que uma relação meramente complementar.

40. Esta "necessidade" é uma hipótese de trabalho. As pessoas têm ou podem ter opiniões diferentes a este respeito. Assim, pergunta-se, por exemplo, se as concepções religiosas são "necessárias". Só o curso da vida individual é que decidirá; isto é, só as experiências do indivíduo é que contarão. Não temos critérios abstratos neste sentido.

Psicologia e religião oriental

mais amplo do termo, para a totalização, isto é, para a *totalidade da orientação consciente*. Se o indivíduo conseguir enquadrar harmonicamente na vida da consciência os fragmentos oferecidos ou forçados pelo inconsciente, resultará então uma forma de existência psíquica que corresponde melhor à personalidade individual e, por isso, também elimina os conflitos entre a personalidade consciente e inconsciente. É neste princípio que se baseia a moderna psicoterapia, na média em que pôde se libertar do preconceito histórico segundo o qual o inconsciente só abriga conteúdos infantis e inferiores. Nele existe certamente um recanto inferior, um quarto de despejo de segredos impublicáveis que não são propriamente inconscientes, mas dissimulados e apenas semiesquecidos. Mas isto tem tanto a ver com o conteúdo, tomado como um todo, quanto, por exemplo, um dente cariado com a personalidade total. O inconsciente é a matriz de todas as afirmações metafísicas, de toda a mitologia, de toda a filosofia (desde que esta não seja meramente crítica) e de todas as formas de vida que se baseiam em pressupostos psicológicos.

Cada irrupção do inconsciente na consciência é uma resposta a uma situação bem definida da consciência, e esta resposta promana das possibilidades reais de representação, isto é, da disposição global que, como foi explicado acima, é uma imagem simultânea *in potentia* (potencial) da existência psíquica em geral. A dissociação em unidades isoladas, seu caráter unilateral e fragmentário se radicam na própria essência da consciência. A reação proveniente da disposição tem sempre o caráter de totalidade, pois reflete uma natureza que não foi dividida por uma consciência discriminativa[41]. Daí o seu efeito avassalador! É a resposta inesperada, abrangente, totalmente elucidativa, que atua como iluminação e como revelação quando a consciência foi parar num beco sem saída[42].

900

---

41. "Quando o espírito (mind) discrimina, surge então a variedade das coisas; quando não discrimina, ele vê a natureza real das coisas" (Cit. extraída do *Lankâvatâra-sûtra*. SUZUKI, D.T. *Essays*, I, op. cit., p. 88).

42. Hsüan-Tse dizia: "Vosso espírito deve ser como o espaço, mas não pode fixar-se na ideia do vazio. Neste caso, a verdade se expandirá com todo o seu vigor e sem nenhum empecilho. Cada movimento de vossa vontade brota de um coração inocente e vosso comportamento será igual, tanto para com o ignorante como para com o sábio" (Ibid., I, p. 209).

901 Quando depois de muitos anos da mais dura ascese e da mais enérgica e impiedosa devastação da compreensão racional, o devoto do zen recebe uma resposta – a única verdadeira – da própria natureza, pode-se compreender tudo o que foi dito a respeito de satori. Como qualquer um pode ver, o que transparece na maioria das estórias do zen é a *naturalidade* das respostas. Sim, compreendemos com certa satisfação interior e primitiva a história do discípulo iluminado que desejou uma surra do mestre como recompensa.[43] Quanta sabedoria encerra a monossilábica resposta "wu" do mestre à pergunta sob a natureza búdica do cão! É preciso, porém, ter bem presente um sem-número de pessoas que não sabem distinguir entre uma anedota espirituosa e um disparate, mas que são muitos também os que estão convencidos de sua inteligência e capacidade, a ponto de acreditarem só haver encontrado em suas vidas cabeças ocas e estúpidas.

902 Embora o valor do zen-budismo seja grande para a compreensão do processo de transformação religiosa, duvida-se de sua aplicabilidade aos povos do Ocidente. Faltam ao local os pré-requisitos espirituais para o zen. Quem, dentre nós, confiaria-se incondicionalmente à superioridade de um mestre e a seus métodos incompreensíveis? *Este* respeito e consideração por uma grande personalidade humana só se encontram no Oriente. Quem poderia se vangloriar de que acredita na possibilidade da experiência de uma transformação sumamente paradoxal, a tal ponto que estaria disposto a sacrificar muitos anos da sua vida na busca fatigante e monótona de tal objetivo? E, por fim, quem ousaria tomar sobre si a autoridade de uma transformação e de uma experiência tão heterodoxas? A menos que seja um homem que não mereça a menor fé, alguém que talvez por razões patológicas vivesse a proferir fanfarronadas. Um homem como esse não se queixaria, entre nós, de falta de seguidores. Mas se um "mestre" impõe uma tarefa mais árdua, que exige mais do que um mero papaguear, então o europeu começa a duvidar, pois a senda íngreme do autodesenvolvimento parece-lhe tão melancólica e sombria como o próprio inferno.

903 Não tenho dúvidas de que a experiência do satori ocorra também no Ocidente, pois entre nós existem igualmente pessoas que en-

---

43. Cf. SUZUKI, D.T. *Die Grosse Befreiung*. Op. cit., p. 130.

Psicologia e religião oriental 95

treveem finalidades últimas e não recuam diante de nenhuma fadiga ou trabalho para se aproximarem delas. Mas se calam a respeito das próprias experiências, não por pudor, mas porque estão conscientes de que é inútil qualquer tentativa de comunicá-las aos outros. De fato, em nossa civilização nada há que estimule e secunde estas aspirações, nem mesmo da parte da Igreja, a guardiã dos valores religiosos. Aliás, a *raison d'être* desta sua função é opor-se a todas as experiências originais, pois elas não podem ser senão heterodoxas. O único movimento no âmbito de nossa civilização que tem ou deveria ter de algum modo certa compreensão destas aspirações é a psicoterapia. Por isto, não é mero acaso que seja precisamente um terapeuta a escrever esta introdução.

No fundo, a psicoterapia é uma relação dialética entre o médico e o paciente. É uma discussão entre duas totalidades psíquicas, uma disputa na qual o conhecimento é apenas um utensílio. O objetivo é a transformação, não algo predeterminado, mas uma mudança de caráter indefinível, cujo único critério é o desaparecimento do senso da egoidade. Nenhum esforço da parte do médico é capaz de forçar esta experiência. O máximo que pode é aplainar o caminho para ajudar o paciente a conseguir uma atitude que oponha a mínima resistência possível à experiência decisiva. O papel de primeiro plano que o conhecimento desempenha em nosso comportamento ocidental corresponde, em não menor grau, à importância que se atribui à tradicional atmosfera espiritual do zen. O zen e sua técnica só puderam germinar no solo da cultura espiritual do Budismo e é esta que constitui o seu pressuposto permanente. Não se pode destruir um intelecto racionalista que jamais existiu. O adepto do zen não é um fruto da ignorância e da incultura. Daí ocorre que entre nós, com certa frequência, um eu consciente e uma compreensão também consciente e cultivada têm de ser produzidos primeiramente por uma certa terapia, antes de pensar-se em eliminar o sentido da egoidade ou o racionalismo. Além disso, a psicoterapia não trata de pessoas que, por amor à verdade, estão, como os monges do zen, prontas a fazer qualquer sacrifício, e sim, na maioria das vezes, dos mais obstinados dos europeus. Deste modo, as tarefas da psicoterapia são, naturalmente, muito mais variadas e as fases individuais do longo processo muito mais contraditórias do que no zen.

904

905   Por esta e muitas outras razões não é recomendável, e nem mesmo possível, uma transplantação direta do zen para as condições ocidentais. Mas o terapeuta que se ocupa seriamente com a questão dos resultados de sua terapia não pode permanecer insensível à finalidade na qual se empenha o método oriental da "cura" psíquica, isto é, a "edificação de um todo harmônico". Como se sabe, no Oriente este problema vem ocupando intensamente os mais arrojados espíritos há mais de dois mil anos: assim, foram desenvolvidos métodos e doutrinas que simplesmente deixam na sombra todas as tentativas ocidentais da mesma natureza. Nossas tentativas têm parado, com poucas exceções, ou na magia (culto dos mistérios), entre os quais se deve incluir também o cristianismo, ou no intelectualismo (a filosofia desde Pitágoras até Schopenhauer). Somente as tragédias espirituais do *Fausto* de Goethe e do *Zaratustra* de Nietzsche marcam a primeira irrupção, apenas pressentida, de uma experiência da totalidade em nosso hemisfério ocidental[44]. E ainda não sabemos o que significam esses produtos do espírito europeu, os mais promissores de todos, tão sobrecarregados se acham da materialidade e da concretude de nossa mentalidade moldada pelo pensamento grego[45]. Embora nosso intelecto tenha desenvolvido, quase até à perfeição, a capacidade da ave de rapina de enxergar das maiores alturas o menor ratinho, a força de gravidade da terra dele se apodera e os "sâmsaras" o envolvem em um mundo de imagens confusas e perturbadoras, a partir do momento em que ele cessa de buscar a presa e volta seu olhar para dentro de si, *tentando encontrar a quem busca*. Então, sim, o indivíduo é precipitado nas dores de um parto infernal, cercado de terrores e perigos desconhecidos que estão a espreitá-lo, ameaçado por miragens enganadoras e por labirintos que o conduzem ao erro. O pior de todos os destinos paira ameaçadoramente sobre o aventureiro: a muda e abissal *solidão*, precisamente no tempo que ele considera seu. O que sabemos a respeito dos motivos mais profundos da "principal ocupa-

---

44. Neste contexto, convém lembrar também o nome do místico inglês William Blake, cf. a excelente apresentação de Milton O. Percival em *William Blake's Circle of Destiny*, de 1938.

45. O Gênio da mitologia grega significa uma irrupção da consciência na materialidade do mundo, privando-a assim de seu caráter onírico original.

Psicologia e religião oriental 97

ção", como Goethe chamou o *Fausto*, ou do estremecimento da "Experiência de Dionísio?" Precisamos ler o *Bardo Thödol*, o *Livro Tibetano dos Mortos*[46] do fim para o começo, conforme sugeri, para encontrar um paralelo oriental dos tormentos e catástrofes que povoam o "caminho da libertação" que conduz à totalidade. É disto que se trata, e não de boas intenções, de imitações inteligentes ou mesmo de acrobacias intelectuais. E é isto o que se apresenta, seja sob a forma de insinuações, seja em fragmentos menores ou maiores, ao psicoterapeuta que se libertou das opiniões doutrinárias demasiado apressadas ou de horizontes limitados. Se ele for escravo de seu credo quase biológico, tentará sempre reduzir o que vê e observa algo de banal e, consequentemente, a um denominador racionalístico que só satisfará aos indivíduos que se contentam com ilusões. A principal de todas as ilusões consiste em admitir que alguma coisa pode satisfazer alguém. Esta ilusão está por trás de tudo o que é intolerável e na frente de todo e qualquer progresso. E uma das coisas mais difíceis é superar tudo isso. Caso o psicoterapeuta ainda encontre tempo, à margem de sua benéfica atividade, para alguma reflexão, ou se por força das circunstâncias enxergar através de suas próprias ilusões, perceberá pouco a pouco como são vazias, insípidas e contrárias à vida todas as reduções racionalísticas, quando elas se chocam com algo que é vivo e procura desenvolver-se. E se ele acompanhar o movimento vital, logo perceberá o que significa "arrombar as portas diante das quais todos preferem se esgueirar"[47].

Não gostaria de modo algum que meus leitores pensassem, diante do exposto, que estou querendo fazer alguma recomendação ou dar algum conselho. Mas a partir do momento em que no Ocidente se começa a falar no zen, considero minha obrigação mostrar também aos europeus onde fica a entrada da "mais longa de todas as entradas" que conduzem ao satori e quais as dificuldades de que está semeado o caminho, somente trilhado, entre nós, por alguns poucos grandes homens – faróis brilhando no alto de uma montanha para dentro de um futuro nebuloso. Seria um erro funesto pensar que o sa-

906

---

46. EVANS-WENTZ, W.Y. *Das Tibetanische Totenbuch*. Cf. § 844s. deste volume.
47. *Fausto* I, primeira cena (verso 710).

tori ou o samâdi pudessem ser encontrados em qualquer lugar abaixo dessa altura. Para uma experiência da totalidade, nada menos nem de menor valor do que o próprio todo. O sentido psicológico deste fato pode ser compreendido mediante a simples reflexão de que a consciência de cada indivíduo é apenas uma parte do psíquico em geral, e que ela, portanto, nunca será capaz de atingir a totalidade: para isto será mister ainda uma expansão indefinida do *inconsciente.* Mas este último não se deixa captar por fórmulas engenhosas, nem se exorcizar mediante dogmas científicos, pois existe algo do destino inerente a ele, ou até mesmo, algumas vezes, é o próprio grande destino, como *Fausto* e *Zaratustra* o mostram sobejamente. A consecução da totalidade requer o emprego do todo. Ninguém está em condições de satisfazer a esta exigência, e por isso não há condições fáceis, nem substitutivos ou compromissos. Como, porém, *Fausto* e *Zaratustra* são duas obras que apesar de seu alto conceito estão no limite do que é compreensível para o europeu, dificilmente poderíamos esperar que um público culto, mas que somente há pouco começou a ouvir falar do obscuro mundo da alma, estivesse apto para formar uma ideia adequada da condição espiritual de um homem que caiu nas malhas confusas do *processo de individuação;* designo a este processo como a via de "tornar-se um todo". As pessoas recorrem então ao vocabulário da patologia e se contentam em citar termos como *neurose* e *psicose*, ou falam, sussurrando, o "mistério criador". Mas o que poderá "criar" um indivíduo que, por ventura, não seja poeta? Por causa deste equívoco muitas pessoas, nos tempos modernos, intitularam-se "artistas", por sua própria conta e risco. Como se a "arte" nada tivesse a ver com a "capacidade". Talvez quando não tenhamos mais nada a criar, criemos-nos a nós mesmos.

907   O zen mostra-nos o quanto o processo de "tornar-se um todo", a integralização significa para o Oriente. Ocupar-se com os enigmas do zen poderá, talvez, fortalecer a espinha dorsal de algum europeu pusilâmine e sem fibra, ou proporcionar-lhe um par de óculos para a sua miopia, a fim de que ele possa, através do "obscuro orifício da parede", ter pelo menos uma rápida visão do mundo da experiência psíquica até então envolto em denso nevoeiro. Certamente isto não terminará mal, pois aqueles que se atemorizam demais estão eficazmente protegidos contra uma deterioração mais grave, bem como de

Psicologia e religião oriental

qualquer outro incidente, através da ideia salvadora da "autossugestão"[48]. Entretanto, eu gostaria de advertir o leitor atento e interessado que não subestime a profundidade que caracteriza o espírito do Oriente, nem suponha que o zen não encerra valor algum[49]. A atitude, zelosamente cultivada no Ocidente, de uma credibilidade verbal no confronto com o tesouro do pensamento oriental representa neste caso um perigo menor porque no zen, afortunadamente, não há palavras maravilhosamente incompreensíveis, como no hinduísmo. O zen também não trabalha com técnicas complicadas, como as de hatha-ioga[50] que acenam para o europeu acostumado a pensar em termos de fisiologia, com a enganosa esperança de poder afinal adquirir o espírito à força de sentar-se e fazer exercícios de respiração. Pelo contrário, o zen requer inteligência e força de vontade, como todas as coisas grandes que desejam tornar-se reais.

---

48. Cf. SUZUKI, D.T. *Die Grosse Befreiung*. Op. cit., p. 131s.

49. "O Zen não é um passatempo; é a mais séria de todas as tarefas da vida. Nenhuma cabeça oca jamais se arriscará a abordá-lo" (SUZUKI, D.T. *Essays*, I, op. cit., p. 16; cf. tb. *Die Grosse Befreiung*. Op. cit., p. 76).

50. "Se queres alcançar o budato, permanecendo sentado de pernas cruzadas, matá-lo-ás. Enquanto não te libertares deste modo de sentar, não chegarás à verdade", diz um mestre a seu discípulo (SUZUKI, D.T. *Essays*, I, op. cit., p. 222).

Considerações em torno da psicologia da meditação oriental[1]

908   Em seu livro intitulado *Kunstform und Yoga*[2] (As formas da arte e a ioga) meu amigo Heinrich Zimmer, cujo falecimento foi lamentavelmente prematuro, realçou a profunda conexão que existe entre a arquitetura hierática da Índia e a ioga. Quem viu alguma vez o Borobudur ou as estupas de Barhut e de Shândi dificilmente consegue subtrair-se à impressão de que nestes monumentos está presente uma atitude espiritual, caso já não o tenha percebido através de milhares de outras impressões pela vida indiana. Nas inumeráveis facetas da transbordante espiritualidade hindu se reflete uma concepção interior da alma que num primeiro momento parece exótica e inacessível à compreensão europeia formada na escola do pensamento grego. Nosso intelecto contempla as coisas exteriores, nosso "olhar bebe" – como diz Gottfried Keller – "aquilo que nossos cílios captam e bebem da superabundância dourada do mundo", e é a partir da multidão das impressões exteriores que concluímos que existe um mundo interior. Assim, até mesmo seus conteúdos nós os deduzimos a partir das coisas exteriores segundo a sentença: "Nada existe no intelecto que não tenha, antes, passado pelos sentidos". Esta máxima parece não ter validade na Índia. O pensamento e as formas de arte hindus se manifestam no mundo dos sentidos, mas não podemos deduzi-los a partir destes últimos. Apesar de seu aspecto sensual, quase importuno, esse pensamento e essas formas nada têm de sensual em sua natureza mais íntima; pelo contrário, são *suprassensuais*. Não é o mundo

---

1. Aparecido, pela primeira vez, em *Mitteilungen der Schweizerischen Gesellschaft der Freunde ostasiatischer Kultur*, V, 1943, e publicado, a seguir, em *Symbolik des Geistes*, 1948.

2. *Kunstform und Yoga im indischen Kultbild*. Berlim: [s.e.], 1926.

Psicologia e religião oriental

101

dos sentidos, dos corpos, das cores e dos sons, das paixões humanas que a capacidade artística da alma hindu reproduz sob uma forma transfigurada ou num modo de sentir realista. É um mundo inferior ou superior de natureza metafísica de onde irrompem figurações estranhas no interior da conhecida visão terrena do mundo. Quem observar atentamente as formas impressionantes sob as quais os dançarinos do kathakáli do sul da Índia representam seus deuses não descobrirá aí *um só* gesto natural. Tudo é bizarro e situado abaixo ou acima do nível humano comum. Eles não se movem como seres humanos, mas deslizam; não pensam com a cabeça, mas com as mãos. Até mesmo os rostos humanos desaparecem por trás das máscaras artificiais esmaltadas de azul. Nosso mundo habitual nada nos oferece que se possa comparar, nem de longe, com esta magnificência grotesca. O indivíduo é como que lançado em uma espécie de sonho à vista de tal espetáculo, e sua impressão é a de que jamais deparou com algo de semelhante. Não são espectros noturnos com que nos defrontamos nos espetáculos do Kathakáli dos templos, e sim figuras de profundo e tenso dinamismo, formas elaboradas segundo rigorosas leis, até nos mínimos detalhes, ou organicamente desenvolvidas. Não são fantasmas ou meras cópias de realidades únicas e irrepetíveis, mas sim realidades que *ainda não* tiveram existência, realidades potenciais que podem transpor a cada momento o limiar do existir.

Quem se entrega plenamente a tais impressões não demorará a perceber que estas formas nada têm de onírico para o hindu, mas são reais para ele, do mesmo modo que tocam algo, dentro de nós, com uma intensidade quase assustadora, algo para o qual não temos uma linguagem adequada. Mas observamos também que o nosso mundo dos sentidos se transforma em sonho à medida que estas formas penetram cada vez mais profundamente em nós e então *despertamos* em um mundo povoado de deuses da mais imediata realidade.

909

O que o europeu percebe na Índia, em primeiro lugar, é o seu aspecto corporal, físico, contemplado do exterior. Mas isto não é a Índia como o hindu a vê; não é a *sua* realidade. A realidade, como se vê pela palavra alemã (Wirklichkeit), é algo que atua realmente (wirkt). Para nós, o conceito real por excelência se acha ligado ao mundo dos fenômenos, do que aparece exteriormente. Para o hindu, porém, este conceito está ligado à alma. Para ele, o mundo é aparência, e sua realidade se aproxima daquilo que nós chamaríamos de sonho.

910

911   Este estranho contraste com o Ocidente se expressa, sobretudo, na prática religiosa. Nós falamos em edificação e elevação religiosas. Deus é o Senhor de todas as coisas. Temos uma religião do amor ao próximo. Em nossas igrejas, que se lançam às alturas, existe um *altar mor*, situado em lugar elevado (Hochaltar), enquanto a Índia fala de dhyâna (concentração), meditação e imersão; a divindade se acha no interior de todas as coisas. O indivíduo se volta do exterior para o interior. Nos antigos templos hindus, o altar está colocado a dois ou três metros abaixo do rés do chão, e aquilo que nós velamos com o máximo recato é para o hindu o mais sagrado dos símbolos. Nós cremos na ação; o hindu crê no ser imóvel. A prática de nossa religião consiste na adoração, na veneração e no louvor. Para o hindu, pelo contrário, a prática mais importante é a ioga, a imersão em um estado que chamaríamos de inconsciente, mas ele considera como o mais alto grau de consciência. A ioga é, de um lado, a expressão mais eloquente do espírito hindu e, do outro, o instrumento de que o indivíduo se utiliza sempre para provocar esse singular estado de espírito.

912   Que é, então, a ioga? Literalmente, ioga significa "imposição de um jugo", isto é, disciplinamento das forças instintivas da alma, designadas, em sânscrito, pelo termo Kleças. A imposição do jugo tem por escopo domar aquelas forças que mantêm o homem preso ao mundo. Na linguagem de Agostinho, as Kleças correspondem à *superbia* e à *concupiscentia*. Existe uma grande variedade de formas de ioga, mas todas elas visam sempre ao mesmo fim. Não pretendo citar aqui o nome de todas, e sim lembrar que, ao lado de práticas e exercícios de caráter meramente psíquico, existe também a chamada hatha-ioga que consiste numa espécie de *ginástica corporal* e principalmente em exercícios respiratórios e atitudes corporais específicas. No presente estudo eu me proponho a comentar um texto da ioga que nos oferece uma visão profunda da mesma. Trata-se de um texto budista pouco conhecido, transmitido em língua chinesa, que é a tradução de um original sânscrito. Data do ano 424 d.C. Intitula-se *Amitâyur-dhyâna-sûtra*, isto é: Tratado da Meditação de Amitâbha[3]. Este sûtra [tratado] é altamente apreciado sobretudo no Japão e per-

---

3. *Sacred Books of the East*. Vol. XLIX, Parte II, p. 161s. [Traduzidos por Takakusu].

Psicologia e religião oriental

tence ao âmbito do chamado budismo teísta que conserva a doutrina do *Âdhibuddha* ou *Mahâbuddha*, o Buda original, do qual provêm as cinco dhyâni de Buda, ou as dhyâni de *Bodhisattva*. Uma destas cinco dhyâni é Amitâbha, "o *Buda do sol poente* da luz incomensurável", o Senhor de Sukhâvati, a terra da felicidade. É o protetor do período atual do mundo, da mesma forma que Çâkyamuni, o Buda histórico, é o seu mestre. Um fato digno de nota, no culto de Amitâbha, é uma espécie de celebração eucarística com pão consagrado. Amitâbha é representado com um vaso na mão no qual está contido o *alimento da imortalidade* que nos dá a vida, ou às vezes também com o vaso da água sagrada.

O texto em questão começa com uma narrativa de enquadramento cujo conteúdo não nos interessa aqui. Um príncipe herdeiro atenta contra a vida de seus pais. A rainha pede socorro a Buda, em sua aflição, suplicando que lhe mande os seus dois discípulos Maudgalyâyana e Ânanda. Buda atende a seu desejo e os dois lhe aparecem imediatamente. O próprio Çâkyamuni, isto é, Buda, também aparece diante dela e lhe mostra, na visão, os dez mundos e a manda escolher aquele no qual ela deseja renascer. Ela escolhe o reino terreno de Amitâbha. Buda ensina-lhe então a ioga que a deve preparar para o reino de Amitâbha. Depois de várias prescrições de ordem moral, ele lhe comunica o seguinte: 913

"Tu e todos os outros seres (isto é, os que têm a mesma intenção) deveis procurar a percepção do reino terreno, concentrando os pensamentos. Talvez me perguntes como se pode conseguir esta percepção. Vou explicar-te a maneira. Todos os seres, desde que não sejam cegos de nascença, têm o sentido da visão e podem ver o *sol* poente. Deves colocar-te na posição correta e dirigir o olhar para o poente. Prepara então teus pensamentos para a meditação, concentrando-te sobre o *sol*. Fixa tua consciência firmemente no *sol*, de modo a teres uma percepção dele, sem a mínima perturbação, concentrada exclusivamente nele. Olha firmemente para ele, no momento em que vai pôr-se, quando parece um tambor dependurado. Depois de teres visto o sol desta maneira, conserva esta imagem fixa e clara, estejas ou não de olhos fechados. Esta é a chamada percepção do sol e é a *primeira meditação*". 914

915   Já vimos que o sol poente é uma alegoria de Amitâbha, o dispensador da imortalidade. O texto continua:

"Em seguida procurarás ter a percepção da *água*. Fixa o teu olhar na água pura e clara e mantém esse olhar claro e imutável dentro de ti. Não permitas que teus pensamentos se dissipem e se percam".

916   Como já indiquei, Amitâbha é também o dispensador da água da imortalidade.

917   "Depois de teres visto a água desta maneira, procurarás ter a percepção do *gelo*. Vê-lo-ás luminoso e transparente. Também imaginarás a aparição do *lápis-lazúli* (lazurita). Depois que o conseguires, verás o *chão* como se fosse substituído de lápis-lazúli transparente e luminoso tanto por dentro como por fora. Debaixo deste chão de lápis-lazúli verás o *estandarte de ouro* ornado de sete joias, isto é, de diamantes e de outras (pedras preciosas) que sustentam o solo. Este *estandarte se estende nas oito direções da rosa-dos-ventos*, ocupando, assim, inteiramente os oito ângulos dos alicerces. Cada lado das oito mencionadas direções é constituído de 100 joias, cada uma das quais tem 1.000 raios e cada raio 84.000 cores que, refletindo-se no chão de lápis-lazúli, têm o aspecto de um bilhão de sóis, e dificilmente se pode vê-los separados uns dos outros. Na superfície do solo de lápis-lazúli estendem-se cabos de ouro, ligados entre si em forma de cruz, e suas partes são constituídas de fios ornados, cada um, de sete joias, e cada uma destas partes é clara e distinta.

Quando tiveres realizado esta percepção, meditarás sucessivamente sobre cada uma de suas partes constitutivas. E farás com que as imagens apareçam o mais claramente possível, de modo que nunca se dissipem nem se percam, estejas ou não de olhos abertos. À parte o tempo em que estiveres dormindo, deverás conservar estas imagens sempre diante de teus olhos interiores. Não há dúvida de que aquele que tiver alcançado este estado do qual estamos falando viverá na terra da suprema felicidade (Sukhâvati). Quem, entretanto, alcançar o estado de samâdhi, estará capacitado a ver essa terra clara e distintamente. Este estado não pode ser explicado de modo perfeito. É a percepção da terra e é a terceira meditação".

918   Samâdhi é a "absorção total", isto é, o estado em que todas as conexões cósmicas foram absorvidas no interior do indivíduo. O samâdhi é a *oitava* das *oito sendas*.

Psicologia e religião oriental 105

Depois disto vem a meditação sobre as *árvores* das joias do país   919
de Amitâbha, à qual se segue a meditação sobre a *água*.

"No país da suprema felicidade a água está distribuída em *oito lagos*. A água de cada um destes lagos é constituída de sete joias suaves e flexíveis. A fonte que as alimenta provém do rei das joias (Cintâmani, a 'Pérola dos Desejos')... No centro de cada lago há 60 milhões de flores de loto, cada uma das quais constituída de sete joias. Todas as flores são perfeitamente redondas e exatamente do mesmo tamanho. A água que circula entre as flores produz sons melodiosos e agradáveis, que expressam todas as virtudes perfeitas, bem como o sofrimento, a não existência, a transitoriedade das coisas e o não ego. Estes sons expressam também o louvor dos sinais da perfeição e dos sinais interiores da excelência de todos os budas. Do rei das joias (Cintâmani) partem raios de extrema beleza cujo brilho se transforma em pássaros que possuem as cores de 100 joias e emitem sons maviosos de louvor à memória de Buda e também à memória da comunidade por ele formada. Esta é a percepção da água das oito boas qualidades, e também a quinta meditação".

Buda instrui a rainha a respeito da meditação do próprio Ami-   920
tâbha, da seguinte maneira: "Procura ter a percepção de uma flor de loto no país das sete joias". A flor possui 84.000 pétalas; cada folha possui 84.000 nervuras e cada nervura 84.000 raios, "cada um dos quais pode ser visto com clareza".

"Depois disto deves *ter a percepção do próprio Buda*. Perguntas de   921
que modo? Cada Buda Tathâgata (o perfeito) é alguém cujo corpo aeriforme é o princípio da natureza (Dharmadhâtu-Kâya, dhâtu = elemento), constituído de tal modo que pode penetrar na consciência de todos os seres. Por isso, desde o momento em que tiveres a percepção de Buda, tua consciência possuirá verdadeiramente esses sinais da perfeição, bem como os 80 sinais inferiores das excelências que percebes em Buda. Por fim, tua consciência se transformará em Buda, ou melhor, *tua consciência será o próprio Buda*. O oceano do conhecimento verdadeiro e universal de todos os budas tem sua origem na nossa própria consciência e no nosso próprio pensamento. Por isso deves voltar teu pensamento com toda a atenção para uma cuidadosa meditação sobre esse Buda Tathâgata, o Arhat, isto é, o Santo e perfeito ilumina-

do. Se queres ter a percepção deste Buda, deverás primeiramente ter a percepção de sua imagem, estejas de olhos abertos ou fechados. Fita-o atentamente como um ídolo de ouro do jâmbûnada (seiva que escorre da árvore do jambo) que está sentado sobre a flor de loto[4].

Quando tiveres visto a figura sentada na flor, tua visão espiritual se tornará clara e estarás capacitada para perceber, com toda nitidez, a beleza do país de Buda. Ao veres estas coisas, faze com que elas se tornem bem claras e firmes para ti, tão claras como a palma de tuas mãos".

"Ao passares por esta experiência, verás também todos os budas dos dez mundos. Afirma-se que aqueles que praticaram esta meditação viram o corpo de todos os budas. Por haverem meditado sobre o corpo de Buda, tiveram também a percepção do *espírito de Buda*. Trata-se da *grande compaixão*, conhecida como espírito de Buda. Graças a esta compaixão universal, o contemplativo tem a percepção de todos os seres. Aqueles que praticarem esta meditação, renascerão depois da morte, em um outro país, na presença de Buda, e alcançarão o espírito de renúncia, graças ao qual enfrentarão todas as consequências que virão depois disto. É por isso que todos aqueles que possuem a sabedoria deveriam concentrar seu pensamento em uma cuidadosa meditação sobre este Buda Amitâyus".

922 Diz-se que aqueles que praticam esta meditação não viverão mais em um estado embrionário, mas terão acesso a essas "regiões maravilhosas e magníficas dos budas".

923 "Quando tiveres atingido esta percepção, deverás imaginar-te a ti mesma renascendo no mundo da suprema felicidade, a região do Oriente, e sentada de pernas cruzadas na flor de loto. Em seguida, imaginarás que esta flor te contém dentro de si e logo depois se abrindo. Quando a flor volta a se abrir, teu corpo estará envolvido por 500 raios coloridos. Teus olhos serão abertos e verás os budas e os bodhisattvas enchendo todo o céu. Escutarás o rumor das águas e das árvores, o canto dos pássaros e a voz dos muitos budas".

924 Em seguida Buda disse a Ânanda e à Vaidehi (a rainha):

---

4. Jambunadi = rio formado do suco do fruto do jambeiro e que corre em torno do monte Meru, retornando, depois, à árvore de origem.

Psicologia e religião oriental 107

"Os que desejam renascer na região oriental mediante seu puro pensamento deveriam primeiramente meditar sobre uma imagem de Buda de 16 côvados de altura sentada na flor de loto, em meio às águas do lago. Como já foi dito anteriormente, o verdadeiro corpo e seu tamanho são ilimitados e incompreensíveis ao intelecto comum. Mas graças à ação eficaz da antiga oração desse Tathâgata, todos os que pensam e se lembram dele atingirão, com toda a certeza, o fim que se propõem".

O texto prossegue: "Quando Buda terminou este sermão, a Rainha Vaidehi, guiada pelas palavras de Buda, pôde contemplar, juntamente com suas 500 companheiras, o espetáculo do país da felicidade suprema, que se estende a perder de vista, e pôde ver também o corpo de Buda, bem como o corpo dos dois bodhisattvas. Seu espírito estava repleto de alegria. Ela os louvava, dizendo: 'Jamais vi coisa tão maravilhosa'. Logo em seguida foi totalmente iluminada e alcançou o espírito de renúncia, e daí por diante esteve sempre pronta a sofrer todas as consequências possíveis e imagináveis daí decorrentes. Suas 500 companheiras também se alegraram pelo fato de terem adquirido, daí por diante, o conhecimento supremo e perfeito, e desejaram renascer no país de Buda. Aquele que é venerado em todo o mundo predisse que todas haveriam de renascer nesse país e estavam aptas para alcançar o samâdhi (a tranquilidade sobrenatural) da presença de muitos budas". 925

Em um excurso sobre o destino do não iluminado, diz Buda, resumindo a prática da ioga: 926

"Mas por se achar atormentado de dores, ele não encontrará tempo para pensar em Buda. Neste caso, um bom amigo lhe dirá: Embora não possas praticar o exercício da memória de Buda, pelo menos poderás pronunciar o nome de Buda Amitâyus. Poderá dizer isto com voz firme e de coração puro. Poderá pensar constantemente em Buda, repetindo até dez vezes: 'Namo (A) mitâyushe Buddhâya' (Honra e louvor a Buda Amitâyus). A cada repetição do nome de Buda, exterminará seus pecados que, de outra forma, o envolveriam na hora do nascimento e da morte durante 80 milhões de Kalpas [períodos compreendidos entre duas criações sucessivas]. Ao morrer, verá um loto de ouro semelhante ao disco do sol brilhando diante de seus olhos e renascerá, em um instante, em Sukhâvati, o mundo da suprema felicidade".

927 São estes os conteúdos essenciais da ioga, que aqui nos interessam. O texto se divide em 16 meditações, das quais destaco apenas algumas passagens. Creio, no entanto, que elas são suficientes para dar uma ideia do que será a meditação que nos eleva até o samâdhi, o supremo arrebatamento e a suprema iluminação.

928 Este exercício começa com a concentração sobre o sol poente. A intensidade dos raios do sol poente na latitude sul é ainda tão forte, que basta contemplá-lo por alguns instantes, para que se produza uma imagem duradoura e intensa do sol na retina. Vê-se então o sol poente por um espaço considerável, mesmo que os olhos estejam fechados. Um dos métodos hipnóticos, como se sabe, consiste em fitar um objeto luminoso e brilhante, um diamante ou um cristal, por exemplo. Podemos supor que o ato de fitar o sol tem por escopo produzir um efeito de natureza semelhante. Mas não deve produzir sonolência, porque a fixação deve vir associada a uma "meditação" a respeito do sol. Essa meditação é a reflexão em torno do sol, uma compreensão e uma percepção clara daquilo que o sol é em si, de sua forma, de suas qualidades e de seus significados. Como o elemento redondo desempenha um papel importante nas passagens subsequentes, podemos também supor que o disco redondo do sol deve servir de modelo para as figuras redondas da fantasia que se seguirão. Também tem por finalidade preparar as visões luminosas subsequentes. É deste modo que deve "provocar a percepção", tal como diz o texto.

929 A meditação seguinte, a da *água*, não se baseia mais em uma impressão dos sentidos, mas produz, graças à *imaginação ativa*, a imagem de uma superfície aquosa refletora que, como sabemos pela experiência, reflete perfeitamente a luz solar. Nesse momento, é preciso imaginar que a água se converte em "gelo luminoso e transparente". Com este procedimento, a luz imaterial da imagem duradoura do sol na retina se materializa na água que, por sua vez, solidifica-se em gelo. O que se pretende com isto é, evidentemente, uma concretização e uma materialização da visão, do que resulta a materialidade da criação de fantasias que vem substituir a natureza física, ou seja, este mundo que conhecemos. Cria-se uma outra *realidade*, por assim dizer com material psíquico. O gelo que, por sua natureza, tem uma tonalidade azulada, transforma-se em lápis-lazúli, um composto de natureza pétrea, que, por sua vez, converte-se em "chão", mas um chão "luminoso e transparente". Com este "chão" se forma um ali-

Psicologia e religião oriental

cerce imutável e, por assim dizer, real em todos os sentidos. Este chão azul e transparente é como um lago de vidro através de cujas camadas transparentes o olhar penetra nas profundezas.

Destas profundezas brilha então o assim denominado "estandar- 930 te de ouro". Importa observar aqui que o termo sânscrito "dhvaja", designativo de "estandarte", significa em geral "sinal" e "símbolo". Por isso poderíamos dizer que se trata do aparecimento de um "símbolo". O fato de o símbolo se estender "nas oito direções da *rosa dos ventos*" indica que o fundamento representa um sistema de oito raios. Como diz o texto, os "oito cantos do fundamento se acham inteiramente ocupados pelo estandarte". O sistema brilha como "1.000 milhões de sóis". A imagem persistente do sol adquiriu, portanto, bastante energia e aumentou a ponto de transformar-se em força luminosa, de intensidade infinita. A estranha ideia das "amarras de ouro" que se estende por todo o sistema parece querer indicar que as partes deste sistema se acham solidamente interligadas, de modo que é impossível desfazê-lo. Infelizmente o texto não fala da possibilidade de o método vir a falhar, nem dos sintomas de degeneração que poderiam advir, em decorrência de um erro qualquer. Mas tais perturbações em um processo imaginativo não contém nada de estranho para um conhecedor do assunto; pelo contrário, constituem uma ocorrência normal. Por isso não é de espantar que na visão da ioga esteja prevista uma espécie de solidificação interior da imagem, por meio de amarras de ouro.

Embora o texto não o diga expressamente, o sistema de oito raios 931 já é o *país de Amitâbha*. Nele brotam e crescem árvores maravilhosas, como convém a um paraíso. A *água* do país de Amitâbha tem uma importância toda especial. Ela se encontra sob a forma de oito lagos, correspondentes ao octógono. A fonte é uma joia central, Cintâmani, a Pérola dos Desejos, símbolo do "objeto difícil de conseguir", e também do valor supremo[5]. Na arte chinesa é aquela figura lunar que muitas vezes aparece associada ao dragão[6]. Os "sons" maravilhosos

---

5. Cf. *Wandlungen und Symbole der Libido*, 1912, p. 161, ou a nova edição de 1952: *Symbole der Wandlung*, p. 279 e no lugar citado (*Símbolos da transformação*).
6. Cf. *Psychologie und Alchemie*, seção 61 (*Psicologia e alquimia*).

emitidos pelas águas são constituídos de dois pares de opostos que expressam as verdades fundamentais do budismo, como o "sofrimento e o não ser, a transitoriedade das coisas e a anulação de si", e isto quer dizer que todo ser é cheio de sofrimentos e tudo o que se refere ao eu é passageiro e caduco. É destes erros que o *não ser* e o *não-ser-eu* nos libertam. A água que produz esses sons é, portanto, algo como a doutrina de Buda em geral, uma água salvadora da sabedoria, uma *aqua doctrinae* (água da doutrina), para usarmos uma expressão de Orígines. A fonte desta água, a pérola sem igual, é o Tathâgata, o Buda em pessoa. Resulta daí a reconstituição imaginativa da figura de Buda, e a percepção desta constituição leva ao conhecimento de que Buda, a rigor, outra coisa não é senão a psique do iogue em ação durante a meditação, a psique daquele mesmo que medita. Não é somente a forma de Buda que brota da "própria consciência e dos próprios pensamentos": a *alma* que produz estas imagens e estes pensamentos é o *próprio Buda*.

932 A figura de Buda está sentada em uma flor redonda de loto, no centro do país octogonal de Amitâbha. Buda se destaca pela grande compaixão com a qual acolhe todos os seus e, consequentemente, também o meditador, isto é, o ser mais íntimo que é o próprio Buda e que aparece na visão como o verdadeiro *si-mesmo do meditador*. Este se sente como o único existente, como a consciência suprema que é realmente o próprio Buda. Para atingir esta meta final, ele precisou percorrer todo o caminho da penosa reconstituição espiritual, libertando-se da consciência cega do ego sobre a qual pesa a culpa da ilusão do mundo, para chegar ao outro polo da alma, no qual o mundo é abolido como ilusório.

✳✳✳

933 Nosso texto não é apenas uma peça literária de museu, pois vive sob esta e muitas outras formas na alma do hindu, impregnando-lhe a vida e o pensamento até os mínimos detalhes, tão singularmente estranho aos olhos de um europeu. Não é o budismo, por exemplo, que forma e educa a alma do hindu, mas a ioga. O budismo em si é um fruto do espírito da ioga, que é mais antiga e universal do que a reforma de Buda. É com este espírito que deve familiarizar-se, quer queira ou não, aquele que aspira a entender a arte, a filosofia e ética hindus a

Psicologia e religião oriental

partir de dentro. Nossa maneira habitual de entender sempre a partir de fora falha nesta tarefa, porque é absolutamente inadequada à natureza da espiritualidade hindu. Eu gostaria de prevenir o leitor, de modo particular, contra as imitações e tentativas, tantas vezes repetidas, de sentir e assimilar certas práticas orientais que nos são estranhas. Em geral o que daí resulta nada mais é do que um embrutecimento sumamente artificial de nossa inteligência ocidental. De fato, se alguém conseguisse renunciar à Europa, sob todos os aspectos, e tornar-se realmente um perfeito iogue, com todas as consequências éticas e práticas daí decorrentes, passando todo o seu tempo em posição de loto, sentado em uma pele de gazela debaixo de uma árvore poeirenta de *banian* (figueira sagrada) e terminando os seus dias numa não existência obscura e sem nome, eu seria o primeiro a reconhecer que ele compreendeu a ioga como um hindu. Mas quem não o conseguir, também não deverá portar-se como se tivesse compreendido a ioga. Não pode nem deve renunciar à sua inteligência ocidental. Pelo contrário, deve pô-la a funcionar, para compreender honestamente, a respeito da ioga, tudo quanto esteja ao alcance da nossa capacidade de compreensão; sem a preocupação tola de querer imitar e sentir aquilo que não corresponde à sua índole. Como os segredos da ioga têm para o hindu tanta ou maior importância do que os mistérios da fé cristã para nós, deveríamos evitar todo e qualquer exotismo que colocasse em ridículo nosso *mysterium fidei* (mistério da fé), sem com isso subestimar as representações e as práticas estranhas dos hindus, considerando-as como erros absurdos. Com isto estaríamos barrando a nós mesmos, a via de acesso a uma compreensão analógica desses fatos. Mas já fomos bastante longe, sob este aspecto, pois os conteúdos espirituais do dogma cristão se reduziram, para nós, a um nevoeiro racionalista e iluminista, numa medida que já se tornou perigosa, e é muito fácil menosprezar o que não conhecemos nem entendemos.

Se quisermos de fato entender a ioga, só poderemos fazê-lo à maneira europeia. É verdade que entendemos muita coisa com o coração, mas também nesse caso nossa mente tem dificuldade em acompanhar de perto a formulação intelectual e exprimir adequadamente aquilo que entende. Não há dúvida de que há uma maneira de compreender com o cérebro e, em particular, com o intelecto científico.

Mas neste caso muitas vezes o coração fica de fora. Por isso é que devemos deixar ora isto ora aquilo à benévola colaboração do público. Procuremos portanto, em primeiro lugar, compreender ou construir com o cérebro aquela ponte oculta que nos levará da ioga à compreensão ocidental.

935   Para isto, devemos nos reportar, mais uma vez ainda, à série de símbolos de que já tratamos, mas desta vez levando em conta o seu *significado*. O sol, que encabeça a série, é a fonte do calor e da luz e o centro inegável de nosso mundo visível. Por isso, como *dispensador dá vida* ele tem sido, por assim dizer, em todos os tempos, e em todos os lugares, ou a divindade em pessoa ou, pelo menos, uma de suas imagens. Até mesmo no universo das representações cristãs é uma alegoria muito difundida de Cristo. Uma segunda fonte da vida é, particularmente nos países meridionais, a *água* que, como se sabe, desempenha um papel de importância na alegoria cristã, como, por exemplo, na figura dos quatro rios do paraíso e da fonte que jorra ao lado do monte do templo. Esta última foi comparada com o sangue que saiu da Chaga do lado de Cristo na cruz. Neste contexto quero lembrar o diálogo de Cristo com a samaritana junto ao poço de Jacó, bem como os rios de água viva que haveriam de brotar do lado de Cristo (Jo 7,38). Uma meditação sobre o sol e a água evocará estas e outras relações de sentido, que levarão o contemplador gradualmente do plano inicial das aparências externas para o plano de fundo das realidades ou, em outras palavras, para o *sentido espiritual* dos objetos de sua meditação *que se acha por trás dessas aparências.* Com isto ele se transfere para a esfera do psíquico, onde o sol e água são despidos de sua objetividade física e, consequentemente, transformados em símbolos de certos conteúdos psíquicos ou em imagens da fonte da vida dentro da própria alma. Nossa consciência não se cria a si mesma, mas emana de profundezas desconhecidas. Desperta gradualmente na criança, e cada manhã, ao longo da existência, desperta das profundezas do sono, saindo de um estado de inconsciência. É como uma criança que nasce diariamente das profundezas do inconsciente materno. Sim, um estudo mais acurado da consciência nos mostra claramente que ela não é somente influenciada pelo inconsciente, como também emana constantemente do abismo do inconsciente, sob a forma de inúmeras ideias espontâneas. Por isso, a meditação sobre o significado do sol e da água é como

Psicologia e religião oriental 113

uma espécie de descida à fonte psíquica, ou, em outras palavras, ao nosso próprio inconsciente.

Mas encontramos aqui uma diferença sensível entre o espírito   936
oriental e o ocidental. Trata-se da mesma diferença que já constatamos, ou seja, a que existe entre o altar-mor [altar em posição elevada] e o altar construído abaixo do nível do solo. O homem ocidental procura sempre a exaltação e o oriental a imersão ou o aprofundamento. Parece que a realidade exterior, com a sua corporeidade e seu peso, domina o espírito europeu com muito mais força e maior intensidade do que o faz com o hindu. Por isso o primeiro procura elevar-se acima do mundo, enquanto o segundo retorna, de preferência, às profundezas da mãe-natureza.

Mas, da mesma forma pela qual a contemplação cristã procura,   937
por exemplo, nos *Exercitia Spiritualia* de Inácio de Loyola, captar com todos os sentidos do corpo a forma sagrada o mais concretamente possível, assim também o iogue procura dar solidez à água que contempla, primeiro através da solidez do gelo e, em seguida, do lápis-lazúli, formando assim o "chão" firme, como ele próprio o denomina. Cria, por assim dizer, um corpo sólido para a sua própria visão, e confere assim ao elemento interior, isto é, às formas de seu mundo psíquico, uma realidade concreta que substitui o mundo exterior. Não há dúvida de que, inicialmente, ele não vê senão uma superfície refletora azul, como, por exemplo, a de um lago ou do mar, que é também um símbolo corrente do inconsciente em nossos sonhos. De fato, sob a superfície refletora da água escondem-se profundezas desconhecidas, obscuras e misteriosas.

Como nos diz o texto, a pedra azul é transparente, dando-nos a   938
entender com isto que o olhar do contemplador pode penetrar as profundezas do mistério da alma, onde enxerga o que antes não podia ser visto, isto é, aquilo que se achava mergulhado num estado de inconsciência. Da mesma forma que o sol e a água são fontes da vida física, assim também exprimem, como símbolos, o mistério essencial da vida do inconsciente. No *estandarte*, símbolo que ele vê através do chão de lápis-lazúli, o iogue contempla como que uma imagem da fonte da consciência, anteriormente invisível e aparentemente sem forma definida. Por meio da dhyâna, isto é, da imersão e do aprofundamento da contemplação, parece que o inconsciente assume uma

forma definida. É como se a luz da consciência, que cessara de iluminar os objetos do mundo dos sentidos exteriores, iluminasse daí por diante as trevas do inconsciente. Quando se extinguem, por completo, o mundo dos sentidos e do pensamento, o elemento interior surge com toda a nitidez.

939 Neste ponto, o texto oriental passa por cima de um fenômeno psíquico que se converte para o europeu em uma fonte inesgotável de dificuldades. Se ele procurar esconjurar as representações do mundo exterior, esvaziando seu espírito de tudo o que é exterior, tornar-se-á presa primeiramente de suas próprias *fantasias* subjetivas, que nada têm a ver com os conteúdos de nosso texto. As fantasias não gozam de boa fama; são ordinárias e destituídas de valor e, por isso, rejeitadas como inúteis e destituídas de sentido. Trata-se das Kleças, daquelas forças desordenadas e caóticas dos instintos que a ioga pretende justamente "subjugar". Esse objetivo é perseguido também pelos referidos *Exercitia Spiritualia*, e tanto um método como o outro procura chegar ao mesmo resultado, fornecendo o objeto da contemplação àquele que medita, isto é, propondo-lhe a imagem sobre a qual deve concentrar-se para impedir o acesso das chamadas fantasias carentes de valor. Ambos os métodos, tanto o oriental como o ocidental, procuram chegar ao mesmo fim por via direta. Não pretendo pôr em dúvida a prática da meditação quando levada a efeito dentro de um quadro eclesiástico significativo. Fora deste contexto, porém, a coisa em geral não funciona ou conduz até mesmo a resultados deploráveis. Em outros termos: com o esclarecimento do inconsciente cai-se sobretudo na esfera do inconsciente pessoal e caótico, onde se acha tudo quanto se gostaria de esquecer ou não se desejaria confessar ou admitir, nem para si nem para os outros, em qualquer circunstância. Por isto crê-se que a melhor maneira de evitá-lo é não olhar para este canto escuro. Mas quem procede desta maneira não consegue evitar este canto e nunca chegará a perceber o menor traço daquilo que a ioga promete. Só aquele que atravessar estas trevas poderá ter a esperança de avançar mais alguns passos. É por isto que, em princípio, sou contra a adoção das práticas da ioga por parte dos europeus, de forma indiscriminada e sem senso crítico, pois sei perfeitamente que o que se espera com isto é evitar seu canto escuro. Mas tal início é inteiramente desprovido de sentido e de valor.

Psicologia e religião oriental

115

É aqui que reside a razão mais profunda pela qual nós, homens   940
do Ocidente, não desenvolvemos coisa alguma que possa se comparar com a ioga (exceção feita do emprego bastante limitado dos exercícios inacianos). Temos um receio profundo de encarar de frente o lado abominável de nosso inconsciente pessoal. É por isso que o europeu prefere dizer aos outros de que modo devem proceder. Não entra em nossa cabeça que a correção do conjunto deve começar pelo próprio indivíduo, ou, mais exatamente, por mim mesmo. Muitos pensam inclusive que é patológico olhar às vezes para dentro de si e que isto nos torna melancólicos, como até mesmo um teólogo me garantiu certa vez.

Disse há pouco que no Ocidente não desenvolvemos nada que se   941
possa comparar com a ioga. Mas isto não é de todo exato. Entre nós desenvolveu-se, como corresponde à mente preconceituosa do europeu, uma psicologia médica que se ocupa especialmente com as Kleças. Chamamo-la de "psicologia do inconsciente". A tendência inaugurada por Freud reconheceu o lado sombrio do homem e sua influência sobre a consciência, e assumiu totalmente este problema. Essa psicologia se ocupa com aquilo que o texto em questão pressupõe como resolvido. A ioga conhece muito bem o mundo das Kleças mas o caráter naturalista de sua religiosidade desconhece o *conflito moral* que as Kleças representam para nós, ocidentais. Um dilema ético nos separa de nossa sombra. O espírito da Índia brota diretamente da natureza. Nosso espírito, pelo contrário, opõe-se à natureza.

O chão lápis-lazúli é opaco para nós, porque o *problema do mal*   942
deve ser resolvido, antes de tudo, no plano da *natureza*. Esta questão pode ser resolvida, mas não certamente com argumentos racionalistas superficiais ou com um palavrório intelectual oco. A responsabilidade ética do indivíduo *pode* dar uma resposta válida. Mas não há receitas e formulários pré-fabricados, e sim apenas o pagamento até o último centavo. Só então é que o chão de lápis-lazúli pode tornar-se transparente. Nosso sutra pressupõe, portanto, que o mundo sombrio de nossas fantasias, isto é, de nosso inconsciente *pessoal*, foi percorrido pelo contemplativo, e passa então a descrever uma forma simbólica que à primeira vista nos parece estranha. Trata-se de uma figura geométrica radial, dividida em oito segmentos, formando a assim chamada ogdóade. No centro desta figura vê-se um loto no qual

Buda está sentado. A experiência decisiva consiste, afinal, em saber que Buda é o próprio contemplativo, e com isto parece desfeito o nó fatal dado pela narrativa do quadro. O símbolo de estrutura simétrica expressa obviamente uma concentração máxima a que só se pode chegar levando-se ao extremo não só o distanciamento e a transição do interesse em relação às impressões do mundo dos sentidos e das representações ligadas aos objetos externos, como também o voltar-se decisivamente para aquilo que constitui o pano de fundo da consciência. O mundo da consciência com suas ligações com o objeto, e mesmo o próprio centro da consciência, isto é, o ego, extinguem-se e, em seu lugar, surge o mundo de Amitâbha, com seu brilho que aumenta e se intensifica indefinidamente.

943 Psicologicamente, isto quer dizer que, por trás e debaixo do mundo das fantasias, surge uma camada ainda mais profunda do inconsciente que, ao contrário da desordem caótica das Kleças, é de uma ordem e de uma harmonia insuperáveis, e que, ao invés da *multiplicidade* daquelas, representa a *unidade* universal do "mandala do bodhi", o círculo mágico da iluminação.

944 Mas o que tem nossa psicologia a dizer a respeito desta descoberta hindu de um inconsciente suprapessoal e universal que surge, de algum modo, quando as trevas do inconsciente pessoal se tornam transparentes? Nossa psicologia sabe que o inconsciente pessoal nada mais é do que uma camada superposta que se assenta em uma base de natureza inteiramente diversa. Esta base é o que chamamos de *inconsciente coletivo*. A razão desta denominação está na circunstância de que, ao contrário do inconsciente pessoal e de seus conteúdos meramente pessoais, as imagens do inconsciente mais profundo são de natureza nitidamente *mitológica*. Isto significa que essas imagens coincidem, quanto à forma e ao conteúdo, com as representações primitivas universais que se encontram na raiz dos mitos. Elas não são mais de natureza pessoal, mas são puramente suprapessoais e, consequentemente, comuns a todos os homens. Por isso é possível constatar sua presença nos mitos e nas fábulas de qualquer povo e de qualquer época, bem como em indivíduos que não têm o menor conhecimento consciente de mitologia.

945 Nossa psicologia ocidental avançou realmente, tanto quanto a ioga, pela circunstância de estar em condições de constatar cientifica-

mente a existência de uma camada do inconsciente comum a todos os indivíduos. Os temas mitológicos cuja existência foi demonstrada pela investigação do inconsciente constituem, a rigor, uma multiplicidade, mas esta multiplicidade culmina em um arranjo concêntrico e radial, que constitui verdadeiramente o centro ou a essência do inconsciente coletivo. Dada a coincidência notável dos resultados da pesquisa psicológica com os conhecimentos da ioga, escolhi o termo sânscrito "mandala", que significa "círculo", para designar este símbolo central.

Alguém poderá perguntar-me: mas de que modo a ciência universal chega a semelhantes resultados? Para isto há dois caminhos. O primeiro é a via *histórica*. Se estudarmos o método introspectivo da filosofia natural da Idade Média, por exemplo, verificaremos que ele se serviu constantemente do círculo (em particular do círculo dividido em quatro segmentos), para simbolizar o princípio central, inspirando-se, para isto, claramente, na alegoria da quaternidade usada correntemente na Igreja, como, por exemplo, as numerosas representações do *rex gloriae* [rei da glória] cercado pelos quatro evangelistas, os quatro rios do paraíso, os quatro ventos etc. **946**

A segunda via é a da *psicologia empírica*. A um determinado estágio do tratamento psíquico, os pacientes desenham às vezes, espontaneamente, esses mandalas, seja porque sonharam com eles, seja porque sentem de súbito a necessidade de compensar sua desordem psíquica com a representação de um conjunto ordenado. Foi um processo desta natureza que nosso santo nacional, o bem-aventurado Nicolau de Flüe, percorreu e cujo estágio final podemos ver ainda no quadro da visão da Trindade, pintado na Igreja Matriz de Sachseln. Nosso santo fixou sua visão aterradora, que o abalou até o mais profundo de seu ser, mediante desenhos de forma circular, no livrinho de um místico alemão[7]. **947**

Mas o que diz nossa psicologia empírica a respeito do Buda sentado na flor de loto? A rigor, o Cristo deveria estar sentado em um trono, nos mandalas ocidentais, ocupando o centro da figura. Foi **948**

---

7. Cf. *Die Visionen des Seligen Bruder Klaus*, de P. Alban Stöckli, OFM. Cap. Cf. tb. § 474s. deste volume.

isto o que aconteceu durante a Idade Média, como já ficou dito em outro lugar. Mas nossos mandalas modernos, cujo surgimento espontâneo observamos em um grande número de indivíduos, sem pressupostos ou intromissões de caráter exterior, não contêm nenhuma figura de Cristo e menos ainda a de um Buda sentado na posição de loto. Pelo contrário, o que ocorre, não raras vezes, é a cruz isóceles ou mesmo uma alusão clara à suástica. Não pretendo discutir aqui este fato estranho, que em si mesmo é do máximo interesse[8].

949 Existe uma diferença muito sutil, mas enorme, entre o mandala cristão e o mandala budista. O cristão jamais dirá em sua contemplação: *Eu* sou Cristo; pelo contrário, confessará, como Paulo: "Eu vivo, mas já não sou eu, é Cristo que vive em mim" (Gl 2,20). Mas nosso sûtra afirma: "Saberás que *tu é* que és Buda". No fundo, estas duas confissões são idênticas, visto que o budista atinge este conhecimento quando se torna "anâtman", isto é, sem o si-mesmo; mas há uma grande diferença na formulação: o cristão "alcança" a sua meta em Cristo, ao passo que o budista se reconhece como Buda. O cristão parte justamente do mundo transitório do eu, enquanto o budista se apoia ainda no fundamento eterno da natureza interior cuja união com a divindade ou com a essência universal encontramos também em outras confissões hindus.

---

8. O leitor encontrará as necessárias indicações em *Psychologie und Religion* (*Psicologia e religião*). Petrópolis: Vozes, 2011; § 136s.

O Santo Hindu[1]

Zimmer vinha se interessando há muitos anos pelo Maharshi de   950
Tiruvannamalai e a primeira pergunta que me fez, quando voltei de
minha viagem à Índia, foi a respeito deste novo santo e sábio da Índia
Meridional. Não sei se meu amigo considerava um pecado imper-
doável, ou pelo menos incompreensível, de minha parte, o fato de
não ter ido visitar Shri Ramana. Minha impressão era a de que dificilmente ele teria deixado de fazer tal visita, tão calorosa era a sua participação na vida e no pensamento deste santo. Isto não me surpreen-
dia porquanto eu sabia com que profundidade Zimmer penetrara no
espírito da Índia. Seu mais ardente desejo, que era o de ver a Índia
pessoalmente em sua realidade, infelizmente não chegou a materiali-
zar-se, e a oportunidade que teve para isto desvaneceu-se às vésperas
da Segunda Guerra Mundial. Ele possuía uma visão grandiosa da
Índia espiritual. Ele me proporcionou, num trabalho de colaboração,
inestimáveis conhecimentos da alma oriental, não só pela sua especia-
lização, como principalmente por sua compreensão genial do sentido
da mitologia hindu. Cumpriu-se, infelizmente, o ditado segundo o
qual os prediletos dos deuses morrem prematuramente, e resta-nos
apenas lamentar a perda de um espírito que venceu as limitações de
um saber especializado e, voltado para a humanidade, proporcio-
nou-lhe o beatificante dom de "frutos imorredouros".

O depositário da sabedoria mitológica da Índia tem sido, desde   951
os tempos mais remotos, o "santo", designação ocidental que não expressa com fidelidade a essência e a maneira de se manifestar dessa figura paralela do Oriente. Esta figura corporifica a Índia espiritual e a

---

1. Introdução a *Der Weg zum Selbst. Lehre und Leben des indischen Heiligen Shri Ramana
Maharshi aus Tiruvannamalei*, de Heinrich Zimmer, publicado em Zurique em 1944.

encontramos muitas vezes na literatura. Por isso não é de admirar que Zimmer se interessasse apaixonadamente pela encarnação mais recente e mais perfeita deste espécime na pessoa de Shri Ramana. Ele via neste iogue a realização avatárica da figura ao mesmo tempo lendária e histórica do rishi, o vidente e filósofo perambulante através dos séculos e dos milênios.

952   Tudo indica que eu deveria ter visitado Shri Ramana. Receio, porém, que me acontecesse a mesma coisa, se eu tivesse de voltar à Índia para recuperar as oportunidades perdidas, ou seja, que, não obstante se tratar de um tipo único e irrepetível, faltasse-me, mais uma vez, o ânimo de visitá-lo pessoalmente, ainda que seja inegável o fato de tratar-se de figura de grande significação. Gostaria, no entanto, de dizer que duvido de sua irrepetibilidade. Ele é um tipo que existiu e sempre existirá. Por isso achei desnecessário visitá-lo. Vi-o por toda parte, na vida, na figura de Ramakrishna, nos discípulos deste último, nos monges budistas, nos personagens da vida quotidiana da Índia, e as palavras de sua sabedoria são o *sous-entendu* [o substrato] da vida da alma da Índia. Neste sentido não há dúvida de que Shri Ramana é um *hominum homo*, um verdadeiro "filho do homem" da terra hindu. É "autêntico" e, ainda mais, é um "fenômeno" que, visto na perspectiva da Europa, reivindica sua singularidade. Mas na Índia ele é o ponto mais alvo de uma superfície alva (cuja alvura só mencionamos porque existem também outras tantas superfícies negras). Na Índia, ademais, vê-se tanta coisa que afinal se gostaria de ter visto muito menos, e a imensa variedade de regiões e de tipos humanos produz um desejo profundo de simplicidade. E também existe simplicidade na Índia: ela impregna a vida psíquica do hindu como um perfume ou uma melodia: sempre a mesma em toda parte, mas nunca monótona e sim variando sempre ao infinito. Para conhecê-la, basta ler uma *Upanishad* ou alguns diálogos de Buda. Neles ressoa o eco do que se ouve por toda parte, falando-nos através de milhões de olhos e expressando-se em um número de gestos. E não há aldeia nem estrada principal que não tenha aquela árvore de largos ramos a cuja sombra o ego não busque sua própria supressão, afogando no universo e na unidade comum o mundo da multiplicidade das coisas. Eu senti este apelo na Índia a tal ponto, que depois não conseguia desvencilhar-me de sua força persuasiva. Eu estava, portanto, convencido de

Psicologia e religião oriental

que ninguém era capaz de superá-lo, e menos ainda o sábio. E se Shri Ramana dissesse alguma coisa que destoasse dessa melodia, ou pretendesse saber mais do que isto, em qualquer das hipóteses o iluminado estaria errado. Foi esta laboriosa argumentação, perfeitamente concordante com o calor do clima da Índia Meridional – se o santo está certo, ele reproduz fielmente o antigo tom da Índia; se lhe empresta uma nota diversa, está errado – que me impediu de visitar Tiruvannamalai, e disto não me arrependi.

Foi justamente este caráter impenetrável da Índia que me proporcionou a ocasião de encontrar o santo, e isto de maneira muito mais cômoda para mim, e sem que o tivesse procurado: em Trivandrum, capital de Travancore, encontrei um dos discípulos do maharshi. Era uma figura humilde e seu *status* social o de um professor primário, fez-me lembrar vivamente o sapateiro de Alexandria que foi apresentado (na descrição de Anatole France) a Santo Antão, pelo anjo, como um modelo de santo muito mais perfeito do que ele. Meu pequeno santo tinha, em relação ao grande, a vantagem de ter de alimentar numerosa prole e de cuidar, à custa de muito sacrifício, dos estudos de seu filho mais velho. (Não pretendo desviar a atenção para o problema de saber se os santos são sempre sábios e, vice-versa, se os sábios são sempre santos. Há algumas dúvidas a este respeito.) Seja como for, nesta figura humilde, amável e piedosa como uma criança, encontrei um homem que sorveu, de um lado, e com toda a dedicação, a sabedoria do maharshi e, do outro, superou seu próprio mestre, por ter "comido o mundo", apesar de toda a sua circunspecção e santidade. Considero este encontro como uma grande gratidão, pois nada de melhor poderia ter-me acontecido. O puro sábio e o puro santo me interessam tanto como um raro esqueleto de sáurio, incapaz de me comover até às lágrimas. Mas fascinou-me a estranha contradição entre o seu ser subtraído à *maya* (ilusão) no si-mesmo cósmico e a fraqueza amorosa que mergulha fecundamente suas raízes na terra negra, para repetir, como eterna melodia da Índia, para sempre o trabalho de urdidura e o do rasgar-se do véu; sim, esta contradição me fascinou, pois de outro modo como se poderia ver a luz sem a sombra, sentir o silêncio sem o barulho, alcançar a sabedoria sem a estultícia? Não há dúvida de que a mais dolorosa experiência é a da santidade. Nosso homem – Deus seja louvado – era apenas um pe-

953

queno santo: não um cume se projetando por sobre abismos tenebrosos, nem um jogo emocionante da natureza, mas uma demonstração de que a sabedoria, a santidade e o humano podem "conviver harmoniosamente entre si", numa relação rica de ensinamentos, amigável, pacífica, sem convulsões nem singularidades, sem espanto nem sensacionalismo de qualquer espécie, e sem necessidade de uma agência especial de correio; mas cultura a brotar de suas raízes mais antigas e primitivas, envolta na atmosfera suave e inebriante dos coqueiros que balouçam ao sopro do vento marinho, sentidos mergulhados na fantasmagoria do ser, correndo soltos e em disparadas: libertação na escravidão, vitória na derrota.

954 É na literatura que melhor se apresenta a pura santidade e a pura sabedoria, e aí sua fama está fora de discussão. No *Tao-tê-king* lê-se o que de melhor nos oferece Lao-Tsé. Mas um Lao-Tsé celebrando o entardecer de sua vida em companhia de uma dançarina na vertente ocidental da montanha já é menos edificante. É impossível, por razões facilmente compreensíveis, concordar com o desprezo do corpo do puro santo, especialmente quando se acredita que a beleza está incluída entre o que de mais nobre Deus criou.

955 As ideias de Shri Ramana são de agradável leitura. Nelas encontramos a Índia mais pura, com sua aura de eternidade, arrebatada e ao mesmo tempo nos arrebatando do mundo, um cântico dos milênios que reproduz, como o cantar dos grilos numa noite de verão, as vozes e os sons de milhares de seres. Esta melodia é construída sobre o único grandioso tema que, dissimulando sem esmorecimento sua monotonia em reflexos de mil cores, rejuvenesce eternamente no espírito da Índia, e cuja encarnação mais recente não é senão o próprio Shri Ramana: é o drama do ahamkâra (a "formação do ego" ou da consciência do eu) em sua oposição e em sua indissolúvel união com o âtman (o si-mesmo ou o non-ego). O maharshi também denomina o âtman do "Eu-Eu", muito significativamente, portanto, visto que o si-mesmo é sentido como sujeito do sujeito, como a verdadeira fonte e o verdadeiro canal do eu cuja aspiração constante (e errônea) é apropriar-se daquela autonomia cuja percepção deve justamente ao si-mesmo.

956 Este conflito também é conhecido pelo ocidental: para este, trata-se da relação entre o homem e Deus. A Índia moderna assumiu em larga escala, e posso confirmá-lo por minha própria experiência, a

Psicologia e religião oriental

terminologia europeia: o "si-mesmo", ou âtman, e Deus são termos essencialmente sinônimos. Mas com uma certa diferença em relação ao binômio ocidental "homem e Deus", tanto a oposição como a concordância estão expressas nos termos "eu e si-mesmo". Ao contrário do conceito de "homem", o conceito de "eu", como se *nos* afigura, é marcadamente *psicológico*. Por isso estaríamos inclinados a pensar que o problema metafísico "homem e Deus" foi deslocado para o plano psicológico. Mas se pensarmos bem, verificaremos que não é assim, pois a noção hindu de "eu" e de "si-mesmo" não é propriamente psicológica, mas – poderíamos dizer – tão metafísica quanto a de "homem e Deus". Falta ao hindu, tanto quanto à nossa linguagem religiosa, a perspectiva da teoria do conhecimento. O hindu é ainda "pré-kantiano". Esta complicação é desconhecida na Índia, como também entre nós, em amplos setores. Por isso não há na Índia uma psicologia, no sentido ocidental do termo. A Índia é "pré-psicológica", isto é, quando fala no "si-mesmo", ela o pensa como objetivamente existente. A psicologia *não* faz assim. Com isto não pretende negar, de modo algum, a existência do conflito, mas ela reserva para si a pobreza ou a riqueza do seu desconhecimento acerca do si-mesmo. Não resta dúvida de que temos uma fenomenologia *sui generis* e paradoxal do si-mesmo, mas percebemos muito bem que identificamos algo de desconhecido através de meios limitados, e o expressamos em estruturas psíquicas sem saber se elas são adequadas ou não à natureza daquilo que queremos conhecer.

As limitações inerentes à crítica do conhecimento nos distanciam daquilo que designamos pelas expressões "si-mesmo" ou "Deus". A equação "si-mesmo = Deus" parece repugnar ao pensamento europeu. Por isso, ela é, como o demonstram as afirmações de Shri Ramana e muitas outras, um conhecimento especificamente oriental, e a psicologia nada tem a acrescentar-lhe fugindo inteiramente à sua competência estabelecer uma tal distinção. Psicologicamente, a única afirmação que se pode fazer é que o "si-mesmo" apresenta uma sintomatologia religiosa parecida com a daquele complexo de afirmações que vem associado ao termo "Deus". Embora o fenômeno religioso da "emoção" ultrapasse os limites da crítica do conhecimento, por ser-lhe incomensurável, aspecto este que tem em comum com todas as manifestações de caráter emocional, o impulso humano em dire-

957

ção ao conhecimento impõe-se constantemente, com uma pertinácia e uma teimosia "antidivina" ou "luciferiana", e mesmo com uma certa necessidade, para lucro ou dano do homem pensante. Por isso mesmo, mais cedo ou mais tarde o homem se oporá numa atitude puramente cerebral à sua emoção e procurará subtrair-se ao jugo do impulso emocional, para poder perceber o que lhe acontece. Se agir com circunspecção e com consciência, ele tornará a descobrir que pelo menos uma parcela de suas experiências representa uma *interpretação* humanamente limitada, tal como a visão da serpente de muitos olhos, de Inácio de Loyola, que inicialmente ele julgou de natureza divina, concluindo mais tarde que provinha do diabo[2]. Para o hindu é evidente que o si-mesmo não se distingue de Deus, como fonte psíquica, e que o homem, por se achar em seu si-mesmo, não apenas está contido em Deus, como também é o próprio Deus. Shri Ramana, por exemplo, é explícito a este respeito. Não há dúvida de que esta equação é uma *interpretação*. Como também é uma interpretação conceber o si-mesmo como o "Sumo Bem" ou como a finalidade plenificante e desejável, embora a fenomenologia desta experiência não permita duvidar que estas características são partes integrantes, essenciais e prévias da emoção. Mas isto também não impede que a razão crítica levante a questão da validade destas qualidades. Na verdade, é impossível saber como ela poderá responder a esta questão, pois lhe falta qualquer critério. O que talvez pudesse servir de critério está também sujeito, por seu lado, ao problema da validade. Aqui só a preponderância do fato psíquico é que decidirá.

958   O *objetivo* da prática oriental é idêntico ao da mística ocidental: desloca-se o centro de gravidade do ego para o si-mesmo, do homem para Deus; o que quer dizer que o eu desaparece no si-mesmo, e o homem em Deus. É evidente que Shri Ramana ou foi amplamente absorvido pelo si-mesmo, ou pelo menos se esforça, seriamente, por dissolver seu próprio eu no si-mesmo. Tal empenho aparece nos *Exercitia Spiritualia*, ao subordinarem o seu "bem-privado", o próprio eu, ao domínio supremo de Cristo. Ramakrishna, contemporâneo mais velho de Shri Ramana, adota a mesma posição que este em rela-

---

2. Cf., a este respeito, a advertência de 1Jo 4,1: "Não acrediteis em qualquer espírito, mas examinai primeiro os espíritos, para ver se são de Deus".

Psicologia e religião oriental 125

ção ao si-mesmo; só que, no seu caso, o dilema entre o eu e o si-mesmo se destaca com mais evidência. Enquanto Shri Ramana mostra uma tolerância "compreensiva" para a profissão ocidental de seus discípulos, fazendo no entanto claramente da dissolução do eu o fim essencial e próprio da prática espiritual, Ramakrishna revela uma atitude um pouco menos segura a este respeito. Verdade é que ele afirma: "Enquanto houver procura do eu, é impossível chegar ao conhecimento (jnâna) ou à libertação (mukti), e os nascimentos e as mortes nunca terão fim"[3]. Mas é forçado a reconhecer a implacabilidade total do ahamkâra: "Quão poucos são os que conseguem alcançar a união (samâdhi) e se libertar deste eu (aham). *Raras vezes se consegue isto*[4]. Discute o quanto quiseres; distingue sem parar – *este eu sempre voltará a ti*[5]. Corta hoje o choupo, e verá amanhã que ele brotou de novo"[6]. Ele chega ao ponto de indicar a indestrutibilidade do eu, com as seguintes palavras: "Se no final não puderes destruir este 'eu', trata-o como 'eu, o escravo'"[7]. Diante desta concessão ao eu, Shri Ramana é decididamente mais radical e mais conservador na linha da tradição hindu, enquanto Ramakrishna, sendo o mais velho e mais moderno dos dois, o que se deve atribuir ao fato de ter sido tocado muito mais profundamente e mais fortemente pela mentalidade ocidental do que Shri Ramana.

Se o considerarmos como o compêndio da totalidade psíquica 959 (isto é, como a totalidade constituída, pela consciência e pelo inconsciente), o si-mesmo representa, de fato, um dos escopos da evolução psíquica, e isto independentemente de quaisquer opiniões ou expectativas conscientes. Ele representa o conteúdo de um processo que, em geral, desenrola-se até mesmo fora da esfera da consciência e só revela sua presença por uma espécie de ação à distância sobre esta última. Uma atitude crítica no confronto com este processo natural permite-nos levantar questões que a fórmula si-mesmo = Deus a rigor

---

3. *Worte des Meisters*, Zurique: [s.e.], 1940.

4. Grifo meu.

5. Grifo meu.

6. Op. cit., p. 85.

7. Op. cit., p. 85.

exclui de antemão. Esta fórmula mostra-nos que o motivo religioso-ético inequívoco é a dissolução do eu no âtman, tal qual o vemos exemplificado na vida e no pensamento de Shri Ramana. É evidente que isto também vale para a mística cristã que, em última análise, só se distingue da filosofia oriental por adotar uma terminologia diferente. Uma consequência inevitável que daí resulta é a supressão do homem físico e psíquico (do corpo vivo e do ahamkâra), em favor do homem pneumático. Shri Ramana, por exemplo, chama seu corpo de "este cepo aí". O ponto de vista cristão, ao invés disto, e levando em consideração a natureza complexa da experiência (emoção + interpretação), não retira à consciência do eu a importância de sua função, sabendo claramente que sem ahamkâra não haveria alguém para conhecer tal acontecimento. Sem o eu pessoal do maharshi que, como nos mostra a experiência, ocorre juntamente com o seu "cepo" (= corpo), que lhe é inerente, nunca teria existido um Shri Ramana. Mesmo reconhecendo que não é o seu eu que falará doravante, mas o âtman, ainda assim precisamos dizer que é a estrutura psíquica da consciência e o corpo que nos proporcionam a comunicação no plano da palavra. Sem o homem físico e psíquico, por certo bastante discutível, o si-mesmo é inteiramente destituído de objeto, como já dizia Angelus Silesius:

> "Sei que sem mim
> Deus não pode viver um só momento
> Ele morreria de carência
> Com o meu aniquilamento"[8].

960   O caráter finalístico *a priori* do si-mesmo e a tendência a realizar esta finalidade existem, como já foi dito, mesmo sem a participação da consciência. Eles não podem ser negados, mas também não é possível passar sem a consciência do eu. Este tem também suas exigências imperiosas, muitas vezes em contradição aberta ou velada com sua necessidade de autorrealização. Na verdade, isto significa que, à parte alguns casos excepcionais, a entelequia do si-mesmo consiste em uma série longa e interminável de compromissos, na qual o eu e o

---

8. "Ich weiss, dass ohne mich / Gott nicht ein Nu kann leben, / Werd' ich zu nicht, er muss / Von Noth den Geist aufgeben".

Psicologia e religião oriental

si-mesmo se contrabalançam fatigosamente para que tudo corra bem. Por isso, muitas vezes, um desvio excessivo para um lado ou para o outro representa, quando entendido em sentido mais profundo, nada mais nada menos do que um exemplo de como não se deveria fazê-lo. Com isto não queremos dizer que os extremos, quando ocorrem por via natural, sejam *eo ipso* de proveniência maligna. Por certo faremos um uso correto deles se examinarmos bem o seu sentido, e para isto, graças a Deus, eles nos oferecem abundantes ocasiões. Homens excepcionais, esmerados e bem formados são sempre uma dádiva da natureza que nos enriquece, desde porém que nossa circunspecção não sucumba. A emoção pode ser uma verdadeira dádiva divina ou um produto infernal. A degradação começa com a *ausência de moderação*, ainda que o obscurecimento da consciência, que lhe é intrínseca, pareça tornar a consecução do fim supremo o mais próxima possível. Só a *capacidade de reflexão*, num grau mais alto e mais intenso, constitui um benefício verdadeiro e duradouro.

Fora as banalidades, infelizmente não existem afirmações filosóficas ou psicológicas que, em breve, não tenham de sofrer distorções. Assim é que a *reflexão* como um fim em si mesma apenas significa estreiteza intelectual, quando não se afirma em meio a confusão de extremos caóticos, do mesmo modo que o mero dinamismo como fim em si mesmo conduz ao embrutecimento mental. Cada coisa precisa de seu oposto, para poder existir; senão se evaporará no puro nada. O eu precisa do si-mesmo, e vice-versa. As relações cambiantes entre as duas grandezas constituem um campo de experiência que o conhecimento introspectivo do Oriente explorou em proporções quase inalcançáveis pelo homem ocidental. A filosofia do Oriente, tão profundamente diferente da nossa, é para nós uma dádiva de valor incalculável; entretanto "precisamos conquistá-la para poder possuí-la". As palavras de Shri Ramana, que Zimmer nos deixou como último presente de sua pena, em excelente alemão, resumem mais uma vez o que de mais nobre o espírito da Índia acumulou em sua contemplação interior, no decurso de milênios, enquanto a vida e a obra individual do maharshi exemplificam e ilustram a ânsia profunda dos povos da Índia pela causa primeira e última da redenção. Empreguei a expressão "mais uma vez", pois a Índia está prestes a dar o passo fatídico que a transformará em *Estado* independente, entrando assim na comunidade das nações cujos princípios diretivos têm *tudo* no seu programa, menos a "solidão" e a paz da alma.

962   Os povos orientais estão sob a ameaça de uma desagregação de seu patrimônio espiritual, e o que os substitui nem sempre pode ser considerado como o que de melhor existe no espírito ocidental. Por isso podemos considerar as figuras de Ramakrishna e Shri Ramana como profetas modernos aos quais cabe, em relação ao seu povo, a mesma função compensadora que os profetas do Antigo Testamento desempenharam em relação ao povo "rebelde" de Israel. Eles não lembram apenas a cultura milenar da Índia, como corporificam praticamente esta cultura, constituindo assim uma exortação impressionante a que não sejam negligenciadas as exigências profundas da alma, além de qualquer novidade com a civilização ocidental e seu imanentismo tecnicista, materialista e comercial lhes possam oferecer. O impulso febril de conquista e de dominação no plano político, social e espiritual, que convulsiona a alma do Ocidente com uma paixão aparentemente insopitável se difunde, sem parar, no Oriente, ameaçando produzir consequências imprevisíveis. Muita coisa já se perdeu, não só na Índia como na China, onde outrora vivia e prosperava a alma. A alienação da cultura pode acabar com muitos inconvenientes cuja eliminação parece sumamente desejável e vantajosa, mas este progresso, por outro lado, tem sido pago com o preço demasiado alto da perda da cultura da alma, como nos mostra a experiência. Não há dúvida de que é muito mais confortável morar numa casa bem ordenada e instalada segundo os requisitos da higiene, mas com isto não se resolve a questão de saber *quem é* o habitante desta casa e se sua alma também goza da mesma ordem e do mesmo asseio que a morada que serve à vida exterior. Ensina-nos a experiência que o homem voltado excessivamente para as coisas exteriores nunca se contentará com o estritamente necessário, ambicionando sempre o mais e o melhor, que ele, fiel aos seus preconceitos, busca no exterior. Assim procedendo se esquece por completo de que interiormente continua sempre o mesmo, apesar de todos os sucessos exteriores, e é por isso que se queixa de sua pobreza quando só possui *um* carro, em vez de dois, como os outros. Não há dúvida de que a vida do homem comporta ainda muitas melhorias e embelezamentos, mas tais coisas perdem o seu sentido quando o homem interior não as acompanha. É

Psicologia e religião oriental

claro que saciar-se com todo o "necessário" pode ser uma fonte considerável de bem-estar, mas acima de tudo está o homem interior, proclamando suas exigências que não podem ser satisfeitas com bens exteriores. E quanto menos se prestar ouvidos a esta voz, que ultrapassa a busca incontida das glórias deste mundo, tanto mais o homem interior se converterá numa fonte de inexplicáveis fracassos e de incompreendida infelicidade. A tendência ao puramente exterior pode transformar-se em enfermidade incurável, porque ninguém é capaz de compreender por que deve ser causa do próprio sofrimento. Ninguém se espanta com a própria insaciabilidade, considerando-a um seu direito normal, sem perceber que a unilateralidade da dieta psíquica conduz finalmente aos mais graves desequilíbrios. É desta doença que o ocidental sofre e não descansará enquanto não tiver contaminado o mundo inteiro com sua agitação febril e sua cobiça desenfreada.

É justamente por isto que a sabedoria e a mística do Oriente têm tanta coisa a dizer-nos, embora falem uma linguagem própria e impossível de ser imitada. Elas devem lembrar-nos aquilo que temos de semelhante em nossa cultura mas que já esquecemos, e dirigir nossa atenção para o destino de nosso homem interior. A vida e os ensinamentos de Shri Ramana são importantes não somente para o hindu como também para o homem ocidental. Não se trata de um mero *document humain*, mas de uma mensagem e de uma advertência ao gênero humano ameaçado de se perder no caos de sua inconsciência e falta de controle. Por isto talvez, e se o entendermos numa perspectiva mais profunda, não terá sido por mero acaso que o último livro de Heinrich Zimmer nos transmite, quase como testamento, a biografia de um moderno profeta hindu, que ilustra de forma tão incisiva o problema da transformação psíquica.

Prefácio ao I Ging[1]

964   É com a maior satisfação que atendo ao desejo manifestado pela tradutora da edição de *I Ging* de Wilhelm, no sentido de escrever de próprio punho um prefácio para esta obra, podendo cumprir, desta maneira, um ato de piedade para com meu falecido amigo Richard Wilhelm. Da mesma forma que ele estava consciente da importância histórica e cultural de sua versão e apresentação do *I Ging*, sem igual no Ocidente, assim também me sinto na obrigação de transmitir esta obra da melhor maneira possível ao mundo da língua inglesa.

965   Se o *Livro das Transmutações*[1a] fosse uma obra popular, não precisaria de uma introdução. Mas ele é tudo, menos popular. Pelo contrário, suspeita-se que ele constitui uma velha coleção de sentenças mágicas, sendo portanto, de um lado, uma obra difícil de entender, e do outro, destituída de qualquer valor. A tradução de Legges, publicada na série dos *Sacred Books of the East* dirigida por Max Müller, pouco contribuiu para pôr o livro ao alcance da mentalidade ocidental[2]. Isto foi uma razão a mais para que Wilhelm se esforçasse por

---

1. Escrito em 1948 para a versão inglesa de *I Ging*, *O Livro das Transformações*, aparecido em 1950. Traduzido por Mrs. C.F. Baynes. A tradução inglesa deste prefácio se diferencia amplamente da presente versão, que é a original. Por isso, a numeração dos parágrafos neste trabalho nem sempre coincide com a da edição inglesa. [Convém observar também que o título desta obra tem sido grafado de diversas maneiras: *I Ging* (pronúncia: i Idingi, como no presente prefácio; *I-Ching*, *Yi King*, *I-King*, *Y King* etc. Na tradução deste prefácio conservamos a forma do original alemão – N.T.].

1a. Existe uma tradução brasileira da análise e da versão inglesa de John Blofeld, sob o título de *I Ching*, *O Livro das Transformações*. 2. ed. Rio de Janeiro/São Paulo: Record, 1971 [N.T.].

2. Legge faz a seguinte observação, a respeito dos textos que explicam cada linha dos hexagramas: "According to our notions, a framer of emblems should be a good deal of a poet, but those of the Yi only make us think of a dryasdust. Out of more than 350, the greater number are only grotesque" (*Sacred Books of the East*,.Vol. XVI, p. 22). Este mesmo autor diz, falando das "lessons" dos hexagramas: "But why, it may be asked, why should they be conveyed to us by such an array of lineal figures, and in such a farrago of emblematic representations?" (Ibid., p. 25). Mas não encontramos qualquer passagem em que Legge demonstre ter experimentado praticamente o método.

Psicologia e religião oriental

abrir uma via de acesso à simbologia, muitas vezes obscura, do texto em questão; ele estava capacitado para isso e com a maior facilidade, se considerarmos que se ocupara por vários anos, praticamente, com a estranha técnica deste livro de oráculo, o que naturalmente lhe proporcionou a possibilidade de desenvolver uma sensibilidade muito fina para o conteúdo vivo do texto, em forma inteiramente diversa da que se poderia esperar apenas de uma tradução mais ou menos literal.

Devo a Wilhelm as mais valiosas informações sobre o complicado problema do *I Ging*, bem como sobre a maneira prática de avaliar os resultados obtidos. Eu mesmo me ocupei, há mais de vinte anos atrás, com a técnica destes oráculos que me pareciam de grande interesse sob o ponto de vista psicológico, e já conhecia bastante bem o *I Ging* quando me encontrei pela primeira vez com Wilhelm, no início da década de 1920. Mesmo assim, foi uma experiência notável ver Wilhelm entregue à sua obra e poder observar com meus próprios olhos a maneira pela qual ele analisava praticamente os resultados. Para grande satisfação minha pude constatar que os meus conhecimentos de psicologia eram de grandíssima utilidade. *966*

Naturalmente, como não entendesse o chinês, só podia abordar o *I Ging* pelo lado prático. Minha única dúvida era a respeito da funcionalidade do método e de sua utilidade. Dada a minha ignorância em questões de sinologia, o simbolismo abstrato dessas "fórmulas mágicas" pouco teria podido me interessar. Eu não podia me preocupar com as dificuldades de caráter filosófico, mas única e exclusivamente com a exploração psicológica do método utilizado no *I Ging*. *967*

Na época em que Wilhelm esteve comigo, em Zurique, pedi-lhe que elaborasse um hexagrama a respeito da situação de nossa sociedade psicológica. Eu conhecia a situação, mas ele não. O diagnóstico foi espantosamente correto, como o foi também o prognóstico que descrevia um fato só ocorrido posteriormente e que eu mesmo não havia previsto. Mas este resultado não era assim tão espantoso, uma vez que eu já havia feito anteriormente uma série de experiências notáveis com o método. No começo, empregava a técnica mais complicada das cinquenta varinhas de milefólio[3]; mais tarde, quando já con- *968*

---

3. As varinhas são de Ptarmica Sibirica, que Legge ainda viu crescer sobre o túmulo de Confúcio.

seguira uma visão de conjunto do funcionamento do método, bastava-me o denominado oráculo das moedas que, em seguida, usei abundantemente. Com o decorrer do tempo, verifiquei que havia certas conexões por assim dizer regulares entre a situação vigente e o conteúdo dos hexagramas. Este fato é inegavelmente singular e segundo nossos pressupostos comuns não deveria ocorrer, descontados os assim chamados golpes do acaso. Mas é preciso notar que, apesar da crença na regularidade das leis da natureza, nós nos comportamos muito liberalmente em relação ao conceito de acaso. Quantos fenômenos psíquicos qualificamos de "casuais" quando, na realidade, vemos que nada têm a ver com uma casualidade. Lembremos apenas os casos de lapsos de linguagem, erros de leitura e esquecimentos, que Freud já declarava nada possuírem de acidental. Por isso sinto-me inclinado a uma posição de ceticismo em relação às chamadas coincidências do *I Ging*. Parece-me, inclusive, que o percentual de acertos supera de muito qualquer probabilidade. Acredito mesmo que não se trata de acaso, mas de regularidade.

969   Com isto chegamos à questão de saber como se deveria demonstrar esta pretensa regularidade. Aqui sou obrigado a decepcionar o leitor. Esta demonstração é sumamente difícil, se não de todo impossível, aspecto este que tenho como o mais provável. Esta constatação deverá parecer demasiado catastrófica para quem a encara de um ponto de vista racionalista, e devo contar, desde já, com a possibilidade de ser acusado de fazer afirmações levianas, falando em regularidade da coincidência da situação com a resposta do hexagrama. Na realidade eu deveria fazer tais acusações contra mim mesmo, se não soubesse por uma longa experiência prática o quanto é difícil, para não dizer impossível, aduzir provas quando se trata de questões de psicologia. Quando deparamos com certos fatos bastante complicados na vida prática, resolvemos o problema à base de conceitos, sentimentos, afetos, intuições, convicções etc., para cuja explicação e aplicabilidade é impossível encontrar até mesmo uma demonstração "científica"; no entanto, os interessados poderão se dar por satisfeitos com a solução encontrada. As situações que se apresentam na prática são de uma tal complexidade, que é impossível analisá-las de maneira satisfatoriamente "científica". Quando muito, o que se consegue é um certo grau de probabilidade. E mesmo assim, só quando os interessados fo-

Psicologia e religião oriental

rem não só perfeitamente sinceros, como também, e sobretudo, de boa fé. Entretanto só podemos chegar a um grau maior de sinceridade e de boa fé dentro dos limites de nossa consciência. Ora, aquilo que somos em nosso inconsciente escapa ao nosso controle; em outras palavras: a nossa consciência acredita que é honesta e de boa fé, mas nosso inconsciente talvez saiba que, para além disto, nossa aparente sinceridade e boa fé nada mais são do que uma fachada por trás da qual se oculta o contrário. Devido ao inconsciente é impossível descrever e compreender uma pessoa e uma situação psicológica, e por isso é também impossível demonstrar se tais coisas existem na realidade. Quando muito, conseguimos mostrar, baseados estatisticamente em uma grande massa de material empírico recolhido, que certos fenômenos psíquicos perfeitamente definidos são prováveis, e nada mais do que isto[4]. Mas em situações psicológicas individuais altamente complicadas nada se pode provar, porque por sua própria natureza tais situações nada oferecem que possa ser submetido a repetições experimentais. Os oráculos do *I Ging* se situam entre estas situações singulares, impossíveis de repetir. Como sempre nelas acontece, o indivíduo não é capaz de discernir se uma coisa é provável ou não. Suponhamos, por exemplo, que alguém, depois de longa preparação, resolva pôr em prática um plano elaborado e perceba de repente que este seu passo poderá prejudicar os interesses de outras pessoas. Nesta expectativa digamos que ele consulte o oráculo, recebendo talvez, entre outras, a seguinte resposta (hexagrama 41):

> "Ir-se embora depressa,
> quando houver terminado os trabalhos
> não é nenhuma desonra.
> mas é preciso pensar bem
> até onde isto pode prejudicar os outros".

Ora, é absolutamente impossível *provar* que esta frase, apesar de sua inegável correspondência, tenha algo a ver com a situação psicológica do consultor. Este tem só três possibilidades diante de si: ou se espantar com o fato de a frase do hexagrama concordar tão perfeita-

970

---

4. Os trabalhos de J.B. Rhines poderiam ser de grande utilidade neste ponto. Cf. *Extra-Sensory Perception*. Boston: [s.e.], 1934; e *New Frontiers of the Mind*. Nova York: [s.e.], 1937.

mente com sua situação, ou considerar esta aparente concordância como um acaso ridículo, ou simplesmente negá-la. Na primeira hipótese, ele se dirigirá ao segundo verso do mesmo hexagrama, que diz:

"Empreender alguma coisa é motivo de infortúnio.
Sem se prejudicar a si mesmo,
É possível ajudar os outros a crescer".

971 Ele talvez reconheça a sabedoria desta conclusão, ou a considere simplesmente sem importância. No primeiro caso, acha impossível tratar-se de um acaso e, no segundo, acha que *só* pode tratar-se de um acaso; numa terceira hipótese, considera que tudo isso nada significa. Mas neste caso não se pode provar coisa alguma. Por isso escrevo este prefácio somente para aqueles que se acham inclinados a conceder algum crédito a este estranho método.

972 Embora tais coincidências "verbais" não sejam muito raras, não representam a maioria dos casos. Muitas vezes as conexões são bastante vagas ou mesmo indiretas, exigindo então maior crédito. Isto acontece principalmente quando a situação psicológica inicial não é muito nítida, mas nebulosa, ou só foi apreendida de maneira unilateral. Nestas circunstâncias dão-se casos em que – se o consultante mostrar disposições de considerar sua situação sob uma luz diferente – é possível discernir uma relação mais ou menos simbólica com o hexagrama. Expresso-me de propósito com cautela, porque não gostaria de sugerir que é preciso criar uma conexão *à tout prix* (a todo custo). Tais artificialismos não compensam e só levam a especulações doentias. É por isso que o método se presta ao abuso. Por esta razão, não serve para indivíduos imaturos, infantis e propensos a brincadeiras, nem convém a temperamentos intelectualistas e racionalistas; endereça-se a pessoas capazes de meditar e refletir e que gostem de pensar naquilo que fazem e sobre o que lhes acontece, casos estes que nada têm a ver com o ensimesmamento hipocondríaco. Este último é um exemplo do abuso da reflexão mórbida. O *I Ging* não se recomenda à base de demonstrações e resultados positivos; não faz alarde de si, nem vem espontaneamente ao nosso encontro. Qual uma obra da natureza, espera que alguém o descubra. Não oferece conhecimentos e habilitações, mas parece ser o livro certo para os que amam o autoconhecimento e a sabedoria no tocante ao pensar e ao agir, se é que

Psicologia e religião oriental 135

existem. Ele nada promete, por isso não precisa sustentar coisa alguma e em hipótese alguma é culpado de que alguém chegue a conclusões erradas. O método deve ser manipulado com certa inteligência. A estupidez, como se sabe, não é uma arte.

Suponhamos, então, que não sejam absurdas as coisas contidas no livro, nem mera autossugestão e interpretação dada pelo consultante; mesmo assim, o espírito ocidental formado na filosofia e nas ciências da natureza vê-se obrigado a encarar o fato desagradável de que uma situação psicológica pode achar-se expressa na divisão fortuita das quarenta e nove varinhas de milefólio ou na queda igualmente fortuita, ou mais fortuita ainda, das moedas e isto de tal modo que se distingue até mesmo uma relação de sentido. Esta coerência é inesperada para a mentalidade ocidental, que tem hábitos de pensar inteiramente diversos. Por isto, entende-se perfeitamente que nosso espírito rejeite tais coisas como se fossem inteiramente impossíveis. Em caso de evidência, ainda se poderia pensar que um profundo conhecedor dos hexagramas pegasse as varinhas "inconscientemente" com tanta destreza, que elas se distribuíssem de maneira correspondente. Ora, no oráculo das moedas falta esta possibilidade tenuíssima, pois aqui são tantas as condições externas (qualidade da superfície em que são jogadas, o rolar das moedas etc.) que entram em jogo, que uma tendência psíquica, pelo menos segundo nossa maneira de pensar, não conseguiria se impor. Se alguma coisa no método dá certo, então é forçoso admitir que existe um paralelismo insólito entre o evento psíquico e o evento físico. Esta conclusão é *shocking* [chocante] mas não de todo nova, pois constitui a única hipótese plausível da *Astrologia* e, de modo particular, da moderna horoscopia, embora esta última esteja voltada mais para o tempo em si mesmo do que para a posição momentânea dos astros, pois o tempo é também determinado e medido com instrumentos da Física. Se a leitura do caráter pela horoscopia, em geral, fosse exata (e há alguma probabilidade em seu favor), ela não seria mais admirável do que a capacidade de um bom conhecedor de vinho que, baseado na qualidade deste, determina com segurança qual a região, a situação local (vinhedo) e o ano da produção do mesmo, coisa que à primeira vista parece duvidosa para um não conhecedor. Ora, um bom astrólogo pode dizer-me, em cima da bucha, os signos do zodíaco em que o sol e a lua se achavam no dia de meu nascimento e qual é o meu ascendente. Por conseguinte, o paralelismo psicofísico que seria preciso admitir

973

como base do oráculo do *I Ging* representaria um outro aspecto do processo que se deve pôr à base da astrologia, se atribuir-se alguma significação à leitura do caráter pela astrologia. Não há dúvida de que é grande o número de pessoas que se ocupam com a astrologia, como também são indivíduos de índole comprovadamente reflexiva e interessados por coisas de psicologia que extraem desta ocupação múltiplas espécies de conhecimento. Aqui também é evidente a possibilidade de abusos.

974   Eu estaria exorbitando os limites de minha competência científica se quisesse responder aqui à questão abordada. Só posso afirmar que todos os que consultam o mencionado oráculo agem como se houvesse, de fato, um paralelismo entre o evento exterior e o interior, entre o psíquico e o físico, e que mesmo não conferindo qualquer significado ao resultado de sua consulta, declaram-se a favor de uma tal possibilidade. Minha atitude diante de tais fatos é pragmática e a psicoterapia e a psicologia médica foram as grandes mestras que me ensinaram este comportamento prático e útil. Em parte alguma se deve esperar algo de mais desconhecido do que neste setor, e em domínio algum nos habituamos a empregar o que é mais atuante, sem perceber, às vezes, quais são as razões pelas quais esse fator atua. Assistimos a curas inesperadas obtidas com terapias duvidosas e a fracassos inesperados mediante métodos pretensamente seguros. Quem se dedica à pesquisa do inconsciente depara com coisas insólitas, que um racionalista evita com horror, afirmando depois nada ter visto. O lado irracional da vida ensinou-me a não rejeitar o que quer que seja, mesmo que isto vá de encontro a todas as nossas teorias (aliás de vida tão curta) ou pareça, por outro lado, momentaneamente inexplicável. Isto nos deixa inquietos: não temos plena certeza de que a bússola esteja apontando na direção verdadeira; mas não é na segurança, na certeza e na tranquilidade que se fazem descobertas. O mesmo acontece com este método chinês de adivinhação. Aquilo a que ele visa, evidentemente, é o autoconhecimento, ainda que em todos os tempos tenha sido usado, paralelamente, de forma supersticiosa. Só os indivíduos estúpidos e inferiores acham que o autoconhecimento é prejudicial. Ninguém os abalará nesta convicção. Mas pessoas mais inteligentes podem jogar tranquilamente com a possibilidade de colher algumas experiências, talvez ricas de ensinamento, por meio deste método.

Psicologia e religião oriental

O método em si é simples e fácil. A dificuldade, porém, começa, como já disse, com a apreciação dos resultados. Antes de mais nada, não é nada fácil compreender a simbologia desta obra, mesmo com o apoio dos excelentes comentários de Wilhelm. Quanto mais conhecimentos de psicologia do inconsciente o leitor possuir, tanto mais fácil se tornará seu trabalho. Mas uma dificuldade diferente e mais decisiva consiste na ignorância generalizada da própria sombra, isto é, do aspecto inferior da própria personalidade, que é constituída, em grande parte, de complexos reprimidos. Acontece muitas vezes que a personalidade consciente se volta com todas as suas forças contra tais conteúdos, descarregando-os sob a forma de projeções sobre os seus semelhantes. Só vemos perfeitamente o argueiro que está no olho do nosso irmão e não enxergamos a trave que está no nosso próprio olho. O fato de muitas vezes sermos acometidos por uma cegueira sistemática em relação aos nossos próprios defeitos revela-se extremamente prejudicial, dificultando o estudo e a compreensão do *I Ging*. Poder-se-ia quase dizer que aquele que, depois de usar o método numerosas vezes, afirmar não ter encontrado nele nada de compreensível, sofre, com toda a probabilidade, de elevado grau de cegueira. Talvez valesse a pena escrever um comentário, sob o ponto de vista da moderna psicologia, a respeito de cada um dos sinais, tal como Confúcio o fez em seu tempo. Mas este trabalho exigiria um espaço quatro vezes maior do que o de um simples prefácio como este, e seria uma tarefa sumamente pretensiosa. Por este motivo, tive de decidir-me por outra maneira de proceder.

Quando estava a ponto de escrever este prefácio, resolvi não fazê-lo sem antes consultar o *I Ging*. Como se tratava, sobretudo, de tornar este livro acessível a um público novo, pareceu-me justo e razoável dar ao método uma oportunidade de manifestar-se a respeito da minha resolução. Como devem existir, se dermos crédito a uma antiga concepção, agentes espirituais que movimentam de modo misterioso as varinhas de milefólio, dando como resultado uma resposta lógica e coerente[5], veio-me espontaneamente a ideia de encarar o livro, de certo modo, como uma pessoa e perguntar-lhe como conce-

975

976

---

5. De acordo com uma antiga concepção, elas são shan = spiritlike ("Heaven produced the spiritlike things"). Legge, op. cit., p. 41.

bia sua situação naquele momento, isto é, como encarava o meu propósito de apresentá-lo a um público moderno. E utilizei, então, o método das moedas. A resposta foi o hexagrama 50, *Ding, a caçarola*.

977 De acordo com as disposições sob as quais fiz a pergunta, o texto deve ser entendido como se o *I Ging* fosse a pessoa que me respondesse. Por isso deu-se a si mesmo o nome de caçarola, ou seja, o vaso de sacrifício que contém o alimento cozido, entendido no sentido de "alimento espiritual". Wilhelm escreve a este respeito: "A caçarola, como vaso de uma *civilização refinada*, sugere-nos a ideia de cuidado e de alimento dos sábios, cuja preocupação devia voltar-se para o governo do Estado. Percebe-se aqui uma civilização que tem o seu ponto mais alto na religião. A caçarola serve para oferecer o sacrifício a Deus". "A suprema revelação de Deus está nos profetas e santos. Seu culto é o verdadeiro culto a Deus. A vontade de Deus que se revela por meio deles deve ser acolhida com humildade" etc.

978 De acordo com nossa hipótese, devemos concluir que é assim que o *I Ging* se expressa a respeito de si mesmo.

979 Quando certas linhas do hexagrama contêm os valores 6 ou 9, isto significa que foram colocadas em posição de realce e por isso são importantes para "a interpretação[6]. Os *spiritual agencies* colocaram em destaque a segunda e terceira posições em meu hexagrama, mediante um 9 cada uma. Eis o que diz o texto:

> "Nove na segunda posição significa:
> na caçarola há comida.
> meus companheiros têm inveja de mim
> mas nada podem fazer contra mim".

980 O *I Ging* diz portanto a respeito de si mesmo: "Eu contenho alimento (espiritual)". Como a posse de todo grande bem provoca a inveja, o coro dos invejosos faz parte integrante do quadro da grande riqueza[7]. Os invejosos querem tomá-la, isto é, querem roubar-lhe ou

---

6. Aqui devo remeter o leitor à exposição do método no texto de Wilhelm.

7. Os *invidi* (invejosos) são uma figura de linguagem muito corrente nos autores latinos antigos da literatura alquímica, particularmente em *Turba Philososophorum* (séculos XI-XII).

Psicologia e religião oriental   139

destruir-lhe o sentido. Mas a hostilidade deles é inútil. A riqueza de
sentido está garantida a seu possuidor. Por isso ele está convencido
de seus desempenhos positivos, que ninguém poderá usurpar. O texto continua:

> "Nove na terceira posição significa:
> o cabo da caçarola foi mudado.
> É-se impedido de andar.
> Não se come a gordura do faisão.
> Somente quando a chuva cair é que cessa o arrependi-
> mento,
> chega, enfim, a boa sorte".

O cabo é o pegador com o qual se pode levantar a caçarola. Indi-   981
ca, portanto, o *conceito*[8] que se tem do *I Ging* (= caçarola). Evidentemente o conceito mudou com o decorrer do tempo, de modo que hoje
não é mais possível entender o *I Ging*. Por isso "é-se impedido de andar", isto é, não se tem o apoio do sábio conselho e da percepção profunda do oráculo. Por conseguinte, não é mais possível orientar-se em
meio às confusões do destino e às trevas da própria natureza. Não se
come mais "a gordura do faisão", isto é, a parte melhor e mais rica de
um prato. Mas quando, afinal, a terra recebe a chuva, isto é, quando
termina o estado de carência, cessa o "arrependimento", isto é, a queixa pela perda da sabedoria, pois chega finalmente a chance esperada.
Wilhelm diz o seguinte, a este respeito: "Pode-se pensar em alguém
que vive em uma época de cultura refinada, ocupando uma posição em
que não é notado nem reconhecido por ninguém. Isto constitui um sério entrave para a sua ação". O *I Ging* se queixa, pois, por assim dizer,
de que suas excelentes qualidades permanecem ignoradas e, consequentemente, inaproveitadas. Mas se consola com a esperança de que
mais cedo ou mais tarde receberá o reconhecimento.

A resposta dada por estas duas linhas principais à pergunta que   982
eu fiz ao *I Ging* não exige sensibilidade especial nem um trabalho de
arte nem também conhecimentos extraordinários da parte de quem o
lê. Com um pouco de bom-senso, qualquer pessoa pode identificar o
sentido da resposta: é como a resposta de um indivíduo que tem um

---

8. Em inglês: *concept*, do latim *concipere*: reunir, recolher, por exemplo, em um vaso.
Concipere vem de *capere*: tomar, apoderar-se, pegar.

elevado conceito de si mesmo, mas não é reconhecido por todos, ou cujo valor é simplesmente ignorado. O sujeito do oráculo tem uma ideia bastante interessante a seu próprio respeito. Ele se sente como um vaso dentro do qual se oferecem sacrifícios aos deuses ou então iguarias sacrificais destinadas à alimentação destes últimos. Vê-se, portanto, como um instrumento com o qual se proporciona alimento espiritual, isto é, a devida atenção àqueles fatores ou potências inconscientes (*spiritual agencies*!) que eram projetados na figura dos deuses, de modo a poderem tomar parte na vida do indivíduo. É este, como se sabe, o sentido da palavra *religio*, ou seja, uma cuidadosa observação e consideração (de *religere*)[9] dos *numina divinos*.

983   Com o método do *I Ging*, na verdade, toma-se em devida conta a vida própria e oculta das coisas e dos homens, inclusive a do próprio si-mesmo inconsciente. Ao interrogar o *I Ging*, tratei-o como se fosse um sujeito vivo, segundo disse acima, assim como quando desejamos apresentar uma pessoa a nossos amigos, primeiramente procuramos saber se isto é de seu agrado. Como resposta à minha pergunta, o *I Ging* me fala de sua importância religiosa, do desconhecimento de que é vítima, e também da esperança de ser honrado, isto, evidentemente, ao mesmo tempo em que lançava um olhar de esguelha para meu prefácio, naquela ocasião ainda por escrever[10], mas sobretudo para a tradução. Esta me parece uma reação perfeitamente compreensível e coerente, que se poderia esperar também de qualquer pessoa em situação semelhante.

984   Mas de que modo se produziu semelhante reação? Como pôde o *I Ging* responder de forma tão evidente e humana? Bastou para isto que eu lançasse para cima três pequenas moedas, deixando-as cair e rolar até parar, ao léu de determinadas leis físicas, umas com a imagem para cima e outras para baixo. Eu não fazia a menor ideia acerca de qual dos 64 desenhos haveria de resultar. Neste fato singular, que é o de parecer que surge uma reação lógica de uma técnica que de antemão exclui qualquer logicidade, é que consiste o desempenho positivo do *I Ging*. Este caso não é isolado, mas constitui a regra. Tive

---

9. Esta é a etimologia clássica. Os santos padres foram os primeiros a derivar *religio* de *religare* (tornar a ligar).

10. Eu fiz a experiência, antes de escrever este prefácio.

Psicologia e religião oriental   141

ocasião de ouvir entre sinólogos e até mesmo entre chineses autorizados
que o *I Ging* não passa de uma coleção de obsoletas fórmulas mágicas.
Muitas vezes meus interlocutores confessaram terem ido consultar o
oráculo junto a algum mágico e o oráculo recebido correspondeu estranhamente ao que eles tinham diante dos olhos, mas isto, para eles, evidentemente, nada mais era do que um puro absurdo.

Estou plenamente consciente de que minha pergunta poderia ter   985
sido respondida de inúmeras outras maneiras, e não estou em condições de afirmar com plena certeza que eu consideraria outras respostas também de algum modo lógicas. Mas esta foi a primeira e única
resposta que recebi, e não conheço outras. Ela me deixou contente e
satisfeito. Formular uma segunda pergunta parecer-me-ia não somente descortês, como também uma falta de respeito. Por isso não a
fiz. "O mestre o disse uma vez". Violar as normas de estilo no trato
com coisas irracionais é, na minha opinião, um sinal de baixo grau de
cultura, com laivos de racionalismo que vê o modelo de seu herói no
mestre-escola metido a tudo saber melhor do que os outros, mas que,
seja como for, é um mestre-escola odiado. Estas coisas devem ser e
continuar a ser tal como apareceram a primeira vez, porque só então
conhecemos o que a natureza faz por si mesma, sem ser perturbada
demasiadamente pela curiosidade humana. Não se deve querer estudar a vida em um cadáver. Além disto, seria impossível repetir o experimento, pela simples razão de ser impossível reproduzir a situação
inicial. Por isso, para cada caso existe apenas uma resposta.

Portanto, não é também de estranhar que o hexagrama 50, no   986
fundo, não amplie o tema já proposto nas duas linhas principais[11]. Eis
o que nos diz a primeira linha:

"Uma caçarola de pernas para cima.
Contribuindo para afastar a estagnação.
Toma-se uma concubina com vistas a gerar filhos.
Não há culpa nisto".

---

11. Os chineses interpretam apenas os versos transformáveis do hexagrama obtido
pela consulta do oráculo. Quanto a mim, considero todas as linhas do hexagrama
como significativas, na maioria dos casos.

987 Uma caçarola invertida indica-nos que está fora de uso. Portanto, o *I Ging* não é usado, tal como uma caçarola quebrada. Serve para afastar os obstáculos, como acaba de ser dito. É usado como uma concubina que se toma quando a mulher principal não tem filhos, isto é, usa-se o *I Ging* quando representa a única maneira de sair-se da dificuldade. Apesar da quase legalidade da concubina, na China, não deixa de ser um recurso de emergência bastante incômodo, e por isso a técnica mágica do oráculo é um recurso de que se pode lançar mão em vista de um fim superior. Não há nenhuma culpa nisto, embora se trate de um expediente de caráter excepcional.

988 Já analisamos a terceira linha. Eis aqui o que diz a quarta linha:

"A caçarola quebra as pernas.
Derrama-se a comida do príncipe.
E o rosto fica emporcalhado.
Infortúnio!"

989 Aqui a caçarola foi usada, mas, evidentemente, de forma muito desajeitada, isto é, o oráculo foi tratado de forma errônea e, consequentemente, interpretado de modo incorreto. Com isto se perdeu a comida dos deuses. É deste modo que o indivíduo pratica uma injúria contra si próprio. Legge traduz, aqui, da seguinte maneira: "Its subject will be made to blush for shame". Quando um abuso como este afeta um instrumento cultual como a caçarola (ou o *I Ging*), fala-se em profanação grosseira. O *I Ging* insiste, aqui, manifestamente, na sua dignidade de vaso de sacrifício e nos previne contra uma utilização de caráter profano.

990 A quinta linha diz o seguinte:

"A caçarola tem pregadores amarelos, argolas de carregar feitas de ouro.
A persistência produz resultados".

991 Parece que o *I Ging* encontrou uma compreensão nova e correta (amarela), isto é, um "conceito" mediante o qual é possível entendê-lo. Este conceito é precioso (é de ouro). Isto é uma referência à nova versão inglesa, que torna a obra mais acessível ao mundo ocidental, bem como ao meu estudo perseverante do *I Ging*, levado a cabo durante vários anos.

Psicologia e religião oriental 143

A sexta linha diz:

992

"A caçarola tem argolas de jaspe.
Nada que não seja favorável".

O jaspe se distingue pela beleza e pelo brilho moderado. As argo- 993
las de carregar, feitas de jaspe, estão a indicar que todo o vaso foi em-
belezado e honrado, e seu valor ampliado. O *I Ging* se revela, aqui,
não só muito contente, mas também muito otimista. Basta esperar os
acontecimentos que sobrevirão e me contentar, neste meio-tempo,
com a consoladora constatação de que o *I Ging* parece ter dado seu
placet à sua nova versão.

Através deste exemplo mostrei, com toda a objetividade possí- 994
vel, de que modo procedo com um oráculo em caso concreto. É ób-
vio que a leitura se modifica, de certo modo, segundo a maneira pela
qual se formula a pergunta. Se o indivíduo se acha em uma situação
menos clara, ele mesmo é o sujeito que dá a resposta, de acordo com
as circunstâncias: quando se trata de uma relação com outra pessoa,
ele pode aparecer como o sujeito que se expressa ou que se converte
em tal, do modo específico pelo qual se coloca a questão. Mas isto
não depende, de modo algum, de nosso arbítrio, e isto principalmente porque nossas relações com nossos semelhantes não dependem
sempre, ou pelo menos em primeira linha, destes últimos, mas quase
exclusivamente de nós próprios, ainda que não percebamos tal circunstância. Por isto pode ocorrer, neste último caso, que tenhamos a
surpresa de aparecer, contra toda a expectativa, como sujeitos agentes do oráculo, como é atestado algumas vezes inequivocamente pelo
texto. Também pode suceder que se superestime ou se considere
como de suma importância uma determinada situação, enquanto o
oráculo é de opinião contrária, chamando a atenção para um aspecto
imprevisto, mas realmente existente da questão. Casos como estes
podem induzir-nos a considerar o oráculo como uma conclusão errônea. Só houve uma ocasião na vida de Confúcio em que ele, segundo
se conta, recebeu um oráculo errado, que é precisamente o hexagrama 22: Pi, a graça, que é sempre um símbolo estético. Isto faz-nos
lembrar o conselho que o *daimonion* deu a Sócrates: "Deves praticar
mais música", em obediência ao qual o filósofo acrescentou uma flau-
ta à sua bagagem. Confúcio e Sócrates disputam a primazia em ques-

tões de racionalidade e de pedagogia, mas é difícil dizer que tivessem se preocupado em cuidar da "barbicha", como aconselha a segunda linha do hexagrama. Infelizmente acontece muitas vezes que a razão e a pedagogia nada têm de "gracioso", e é por isto que não se pode dizer que nesse caso o oráculo esteja necessariamente errado.

995   Tornemos agora ao nosso hexagrama. O fato de o *I Ging*, como indiquei acima, mostrar-se não só de acordo com a nova edição, como também acentuar o seu otimismo a respeito da mesma, não implica que sua influência sobre o público ao qual deveria chegar tivesse sido antecipada. Como nosso hexagrama contém duas linhas yang realçadas por um 9, temos condições de conhecer o prognóstico que o *I Ging* fez a seu próprio respeito. As linhas realçadas por um 6 e por um 9 possuem, segundo uma antiga opinião, uma tensão interior tão forte, que tendem a transformar-se respectivamente no seu contrário. O yang no yin, e vice-versa. Esta transformação dá como resultado o hexagrama 35: Chin, o progresso.

996   O sujeito deste hexagrama é alguém que deve sofrer todos os reveses da fortuna na sua ascensão, e o texto trata do modo pelo qual se deve proceder em tais casos. É numa destas situações que se situa o *I Ging*. Ele se levanta "como o sol" e se "explica", mas é "rejeitado" e não "encontra confiança"; ele se acha em fase de progresso, mas ao mesmo tempo "em meio à tristeza". Mas mesmo assim recebe uma "grande felicidade por intermédio de sua ancestral". A psicologia nos vem em auxílio, face a esta passagem obscura: é muito frequente, nos sonhos ou nos contos de fadas, a avó ou ancestral representarem o inconsciente que no homem tem sinal feminino. Se o *I Ging* não é acolhido pela consciência, tem, por outro lado, a colaboração do inconsciente, pois, pela própria natureza, está mais intimamente ligado a este último do que ao racionalismo da consciência. Como nos sonhos o inconsciente vem representado frequentemente por uma pessoa do sexo feminino, o que poderia acontecer também aqui. A mulher seria, portanto, a tradutora que cercou o livro de seus cuidados maternais. O *I Ging* considera isto como uma "grande felicidade". Na verdade, ele prevê uma aprovação geral, mas também teme os abusos ("progressos de criceto"). Entretanto não se preocupa com "perdas e lucros". Os "partidos dos que estão a favor ou dos que invejam" não o afetam. Ele não se impõe à força.

Psicologia e religião oriental   145

O *I Ging* olha, portanto, o seu futuro no mercado livreiro ameri-   997
cano com tranquilidade e se expressa a este respeito, como o faria um
ser racional diante de uma obra tão controvertida como esta. Esta
predição, que resulta do jogo fortuito da queda das moedas, é tão
coerente e friamente racional que dificilmente se poderia conceber
uma resposta mais exata.

Tudo isto ocorreu antes que eu escrevesse o que acabo de expor.   998
Quando o prefácio já estava bem adiantado, eu quis saber de que
modo o *I Ging* encararia a nova situação que a minha apresentação ia
criar. O que escrevera havia mudado a situação anterior, visto que
havia interferido com minha ação, ocorrida nesse intervalo; por esta
razão eu esperava conhecer algo que se relacionasse com o meu procedimento. Devo também confessar ao leitor que não me sentia propriamente bem ao redigir este prefácio pois, como cientista responsável, não tenho o hábito de afirmar o que não posso provar ou que
pelo menos não repugne à razão. Quando alguém, nestas condições,
promete escrever uma introdução para uma "coleção de fórmulas
mágicas obsoletas" a fim de torná-las mais acessíveis a um público
dotado de senso crítico, pois acredita subjetivamente que no fundo
dessa obra existe algo além do que nos mostra seu aspecto exterior,
então se vê diante de uma tarefa que nada tem de agradável.

Por isso acho extremamente incômodo apelar para a boa-von-   999
tade e fantasia do público, em lugar de apresentar-lhe uma argumentação convincente e explicações sólidas e cientificamente bem-fun-
dadas. Infelizmente vejo com clareza os tipos de argumentos que poderiam ser aduzidos contra esta antiquíssima técnica oracular. Nem
sequer temos a certeza de que o barco que nos vai conduzir através de
mares desconhecidos não tenha, em algum lugar, um rombo impossível de ser reparado: O velho texto não estaria corrompido? A tradução de Wilhelm é fiel em todos os pontos? Não se é vítima de uma au-
toilusão ao proceder-se à interpretação? Eu, de minha parte, estou
plenamente convencido do valor do autoconhecimento. Mas o que
adianta recomendá-lo se os homens mais sábios de todas as épocas
apregoaram sem sucesso?

Foi a convicção subjetiva de que existe "um quê" por trás do   1.000
I Ging que me levou a escrever este prefácio. Só uma vez, antes disto,
eu me manifestara a respeito do problema do *I Ging*, em um discurso

dedicado à memória de Richard Wilhelm; fora isso sempre evitara prudentemente falar sobre tal assunto. Mas eis que agora rompi este silêncio cauteloso e só me arrisquei a isto pelo fato de já ter entrado no oitavo decênio de minha existência, quando as opiniões mutáveis dos homens quase não me impressionam e quando as ideias dos antigos mestres me interessam mais do que as novidades acadêmicas de cada dia. Estou convencido de que antes não ousaria expressar-me de forma tão explícita sobre um assunto tão controvertido como o faço agora.

1.001 Não me parece simpático importunar o leitor com estes detalhes pessoais. Mas acontece muitas vezes, como já vimos acima, que a própria personalidade se acha envolvida diretamente no oráculo. Através da minha maneira de formular a pergunta, convidei diretamente o oráculo a levar em consideração o meu modo de agir. Pois isto aconteceu de fato. E o resultado foi o hexagrama 29: Kan, o ser abissal. A terceira posição foi realçada, de modo particular, por meio de um seis. Eis o que diz esta linha:

> "Para frente e para trás; abismo entre abismo.
> Detém-te em face de um tal perigo.
> Do contrário, cairás em uma fenda do abismo.
> Não procedas desta forma".

1.002 Em outros tempos eu teria seguido incondicionalmente o bom conselho: "não procedas desta forma", e teria renunciado a qualquer opinião sobre o *I Ging*, pelo único motivo de não ter nenhuma. Agora ele deve servir-me de exemplo no tocante à sua maneira de funcionar. Na realidade não posso andar para a frente, isto é, não posso ir além daquilo que afirmei a respeito do oráculo, nem posso andar para trás, isto é, não posso me abster inteiramente de formar uma opinião em relação ao mesmo. Na realidade, se nos pusermos a refletir sobre a problemática do *I Ging*, veremos que ela consiste no "abismo sobre abismo", e é necessário "nos determos" e ficarmos parados em face dos perigos de uma especulação desenfreada e desprovida de senso crítico; em caso contrário, iremos dar realmente num beco sem saída. Poderá haver, teoricamente, uma situação mais incômoda do que aquela em que se flutua na atmosfera rarefeita de possibilidades sem base, sem saber se o que se vê é verdadeiro ou ilusório? Ora, tal é a atmosfera onírica do *I Ging*, na qual ficamos, sem uma base segura e

Psicologia e religião oriental

147

na dependência do próprio julgamento, em si e por si tão falível. Não posso deixar de reconhecer que esta linha reproduz, com muita exatidão, o estado emocional no qual escrevi o que acima foi exposto. O início consolador deste desenho: "Se fores veraz, terás sucesso em teu coração" pareceu-me certo, pois esta sentença indica que o que decide em uma tal situação não é o perigo exterior, mas as disposições subjetivas, ou melhor, o decisivo é que o indivíduo se considera a si próprio como "veraz".

O hexagrama compara o acontecimento vivo, nesta situação, com o fluir da água que não teme as passagens perigosas, mas se lança sobre as rochas e enche as fendas (Kan, de fato, significa água). Assim procede o homem superior (o "pobre") e exerce a função de ensinar. Pois bem, não temo as possíveis ilusões, incertezas, estados de dúvida, mal-entendidos ou quaisquer nomes que possam ter as fendas do abismo nas quais posso cair, mas me esforço por instruir o leitor sobre o *I Ging*. 1.003

Kan faz parte decisivamente dos sinais mais incômodos. Encontrei-o não raras vezes em enfermos que caíram excessivamente sob o domínio do inconsciente (da água!) e por isso se achavam sob a ameaça de possíveis manifestações psicóticas. Por isso uma atitude supersticiosa inclinar-se-ia facilmente a admitir o referido sinal como tendo tal significação. Da mesma forma que ao interpretar os sonhos é preciso observar com escrupulosa exatidão o texto em que ele é descrito, assim também se deve proceder com a formulação original da pergunta para se obter um oráculo, pois a pergunta fixa um limite bem determinado para a interpretação. Do mesmo modo que, na formulação da primeira pergunta pensei, antes de tudo, na significação da nova versão e do meu futuro prefácio para o *I Ging*, colocando este último, deste modo, em primeiro plano e o elevando à condição de sujeito agente, assim também, no segundo caso, fui eu que surgi como sujeito agente. Por isso, seria arbitrário considerar o *I Ging* novamente como sujeito no segundo caso, coisa que, além do mais, tornaria impossível a interpretação. Mas sendo eu o sujeito, a interpretação é lógica, de conformidade com minhas disposições subjetivas, pois é ela que exprime meu inegável sentimento de insegurança e de perigo. Quando se trilha um terreno assim tão inseguro é fácil cair de forma inquietante e sem que disto nos apercebamos, sob a influência do inconsciente. 1.004

1.005　　A primeira linha constata a existência de uma situação de perigo ("cai-se em uma fenda do abismo"), o mesmo acontecendo com a segunda linha, que acrescenta ainda o bom conselho: "Só se deve procurar o que é insignificante", conselho este que eu havia antecipado, ao limitar-me, nesta introdução, a alguns exemplos, renunciando à ideia mais ambiciosa, longamente acariciada, de escrever um comentário psicológico sobre todo o livro.

1.006　　Na quarta linha se expressa a simplificação de minha tarefa:

> "Um jarro de vinho e uma travessa de arroz como suplemento, vasilha esta feita de barro,
> Simplesmente entregues através da janela".

1.007　　Wilhelm comenta esta frase nos seguintes termos: "Antes de apresentar-se, o funcionário deve habitualmente oferecer certos presentes introdutórios e certas recomendações. *Aqui tudo é simplificado ao máximo*. Os presentes são muito pobres; não comparece nenhuma pessoa para fazer a recomendação. É o interessado quem *faz a sua própria* apresentação, mas não deve ter vergonha disto; basta somente que esteja animado pelo propósito de ajudar os outros em situação de perigo".

1.008　　A quinta linha dá prosseguimento ao tema da limitação. Se atentarmos, com efeito, para a natureza da água, verificaremos que ela só enche a fenda até a borda e em seguida transborda. Não fica presa lá dentro.

> "Não enche o abismo até transvazar.
> Só se enche até à borda."

1.009　　Se o indivíduo atraído pelo perigo se obstinasse justamente por sua falta de segurança, a reforçar uma convicção, através de trabalhos especiais, como comentários bem elaborados, casuística, e coisas semelhantes, nada mais faria do que enredar-se cada vez mais na dificuldade, circunstância esta descrita muito bem na linha de cima, como sendo um estado em que o indivíduo se acha preso e bloqueado. Acontece muitas vezes que a linha mostra as consequências que advêm quando não se toma a sério o sentido do hexagrama.

1.010　　Nosso hexagrama contém um 6 na terceira posição. Este yin em estado de tensão se converte, por enantiodromia, em um yang, produzindo assim um novo hexagrama que descreve uma possibilidade

Psicologia e religião oriental

quase futura ou uma tendência no tocante à mesma. O resultado é o hexagrama 48: Ching, o poço. Como é fácil constatar, continua o tema da fenda cheia d'água. Mas esta fenda não significa mais perigo, e sim um poço útil, de água potável.

> "Por isso, o nobre encoraja o povo,
> Exortando as pessoas a se ajudarem mutuamente".

Isto, presumivelmente, durante os trabalhos de restauração do poço. Trata-se, com efeito, de um velho poço em ruínas e cheio de lama. Nem mesmo os animais bebem nele. Ele contém peixes que se podem matar a flechadas, mas o poço não é bom para beber, isto é, não se presta ao uso humano. Esta descrição nos lembra o vaso de sacrifício, emborcado e fora de uso, que deve receber um novo pegador. De modo semelhante o poço é purificado. Mas ninguém bebe dele. — 1.011

> "É isto o que faz meu coração sofrer,
> Pois poder-se-ia tirar água dele."

O poço se refere ao *I Ging*, como a fenda perigosa cheia d'água. O poço tem uma significação positiva: *é* uma fenda que contém a água da vida. É o inconsciente: de um lado, uma situação de perigo, e do outro, de ajuda. Seu uso deverá ser restabelecido. Mas não se tem um conceito a respeito dele, ou um instrumento com que se possa apanhar a água, pois o "jarro se quebrou e a água derramou-se". Da mesma forma que o vaso de sacrifício precisou de cabos ou argolas para ser carregado, assim também o poço deve ser revestido com um "novo muro". Isto é, deve conter um "manancial claro e fresco de onde se possa tirar água para beber". Pode-se tranquilamente tirar água dele, porque "é digno de confiança". — 1.012

É fácil perceber que o sujeito que se expressa neste oráculo é, mais uma vez, o *I Ging*, que se apresenta como poço de água viva, depois que o hexagrama precedente descreveu detalhadamente o risco que corre aquele que caiu como que por acaso num buraco e precisa, primeiramente, sair dele, para descobrir que se trata de um poço velho, em ruínas e cheio de lama, que pode ser recuperado e posto novamente em uso. — 1.013

1.014 Fiz duas perguntas à técnica aleatória do oráculo das moedas; uma antes da apresentação do primeiro e do segundo hexagramas, e a outra depois. A primeira pergunta foi dirigida, por assim dizer, ao *I Ging*, procurando saber qual seria o seu comportamento em relação ao meu propósito de escrever uma introdução a ele. A segunda se referia à minha atitude ou à situação na qual eu era o agente, isto é, a pessoa descrita pelo primeiro hexagrama. O *I Ging* respondeu à primeira pergunta, comparando-se a um vaso de sacrifício que deveria ser restaurado, mas que só encontra uma acolhida duvidosa por parte do público. A resposta à segunda pergunta diz que o eu cai em uma situação difícil, o que é expresso no fato de o *I Ging* representar uma água abissal bastante perigosa, uma fenda profunda cheia de água, na qual alguém pode ficar mergulhado sem poder sair.

1.015 Estes quatro hexagramas são consequentes, quando tratam de um tema (vaso, fenda, poço), e racionais e lógicos, quando se referem a um conteúdo espiritual, de conformidade com meu modo de pensar subjetivo. Se fosse um ser humano que me tivesse dado as respostas, eu, na minha qualidade de psiquiatra, deveria considerá-lo, até onde o material me permite julgar, como uma pessoa capaz de discernimento. De forma alguma consegui descobrir, nas quatro respostas dadas, algo de delirante, de idiota ou de esquizofrênico. Dada a sua elevada antiguidade e sua origem chinesa, eu não poderia classificar sua linguagem arcaica, simbólica e floreada como sendo de natureza patológica. Por outro lado, deveria felicitá-lo, positivamente, pela sua percepção profunda de meu mal-estar não expresso. Não posso ver nisso senão uma esplêndida intuição.

1.016 Tenho a impressão de que o leitor isento de preconceitos estará em condições, depois destes exemplos, de formar uma opinião, pelo menos provisória, sob o modo de agir do *I Ging*[12]. Uma modesta introdução não poderá esperar mais do que isto.

1.017 Se porventura tiver conseguido ilustrar a fenomenologia psicológica do *I Ging*, com esta exposição prática e intuitiva do problema,

---

12. Eu gostaria de recomendar ao leitor que consultasse os quatro hexagramas do texto, e os lesse ao mesmo tempo em que os respectivos comentários.

Psicologia e religião oriental

terei alcançado o meu objetivo. Não posso, evidentemente, responder às inúmeras perguntas, dúvidas, críticas etc., que este livro singular faz surgir, em turbilhões. Para uns, seu espírito parece claro; para outros, nebuloso, e para outros, enfim, é como que uma noite tenebrosa. Quem não gostar dele, não deverá utilizá-lo, e quem for inteiramente contra, evidentemente não o considerará como verídico. Destina-se afinal àqueles que bem sabem o que fazer com ele.

Referências

AVALON, A. *Shri-Chakra-Sambhâra Tantra*. Tantric Texts, 7. Londres: [s.e.], 1919 [Trad. por Kazi Dawa-Samdup].

BÜTTNER, H. *Meister Eckehart's Schriften u. Predigten*. 2 vols. Jena: [s.e.], 1909-1917.

EVANS-WENTZ, W.Y. (org.). *Das tibetanische Totenbuch*. 6. ed. Zurique: [s.e.], 1960.

LOYOLA, I. de. *Exercitia Spiritualia*. [s.l.]: [s.e.], [s.d.].

JUNG, C.G., *Psychologie und Alchemie*. 2. ed. [s.l.]: [s.e.], 1952 [OC, 12].

_____. *Psychologische Typen*. [s.l.]: [s.e.], 1921. [OC, 6].

KANT, I. *Die Kritik der reinen Vernunft*. Halle: [s.e.], 1878.

LÉVY-BRUHL, L. *La Mythologie Primitive*. Paris: [s.e.], 1935.

_____. *Les Fonctions Mentales dans les Sociétés Inférieures*. 2. ed. Paris: [s.e.], 1912.

MEIER, C.A. *Spontanmanifestationen des kollektiven Unbewussten* – Zentralblatt für Psychotherapie. Leipzig: [s.e.], 1939.

NELKEN, J. "Analytische Beobachtungen über Phantasien eines Schizophrenen". *Jahrbuch für psychoanalytische und psychopathologische Forschung*. Viena/Leipzig: [s.e.], 1912.

OHASAMA, S. *Zen*: Der lebendige Buddhismus in Japan. Gotha/Stuttgart: [s.e.], 1925 [Trad. de August Faust].

OTTO, R. *Das Gefühl des überweltlichen*. München: [s.e.], 1932.

_____. *Das Heilige*. Breslau: [s.e.], 1917 [Reeditado em 1936. München].

PERCIVAL, M.A. *William Blake's Circle of Destiny*. Nova York: [s.e.], 1938.

RHINE, J.B. *The Reach of the Mind*. Londres/Nova York: [s.e.], 1948.

RUSKA, J. *Tabula Smaragdina*: ein Beitrag zur Geschichte der hermetischen Literatur. Heidelberg: [s.e.], 1926.

RUYSBROECK, J. *The Adornment of the Spiritual Marriage* etc. Londres: [s.e.], 1916 [Trad. de C.A. Wynschenk Dom].

SCHULTZ, J.H. Das *autogene Training*. Berlim: [s.e.], 1932.

SPAMER, A. (org.). *Texte aus der deutschen Mystik des 14. u. 15. Jahrhunderts*. Jena: [s.e.], 1912.

SPIELREIN, S. "Über den psychologischen Inhalt eines Falles von Schizophrenie". *Jahrbuch für psychoanalytische u. psychopathologische Forschung*. Leipzig/Viena: [s.e.], 1912.

STOECKLI, A. *Die Visionen des seligen Bruder Klaus*. Einsiedeln: [s.e.], 1933.

SUZUKI, D.T. *Die grosse Befreiung*. Zurique: [s.e.], 1958.

_____. *An Introduction to Zen-Buddhism*. Londres/Nova York: [s.e.], 1949.

_____. *Essays in Zen Buddhism*. Londres: [s.e.], 1949-1953.

_____. *The Training of the Zen Buddhist Monk*. Kyoto: [s.e.], 1934.

WILHELM, R. *Das Geheimnis der goldenen Blüte*. Zurique: [s.e.], 1957.

_____. *I Ging*. Das Buch der Wandlungen. Jena: [s.e.], 1923.

Índice analítico[*]

Abaissement du niveau mental 783, 817, 846
Abstração 800
Afeto, afetos 969
Água 928ss.
- *aqua doctrinae* 931
- sagrada 912ss.
- meditação sobre a 919ss.
- como símbolo 935ss.
Água batismal 828
Aham, Ahamkâra 955, 958
Alegorismo cristão 935
Alexandria 835, 953
Alimento espiritual 977ss.
Alma
- como fonte de todos os dados psíquicos 857
- oriental 835ss., 908, 950
- supratemporalidade da 837, 845
Alquimia 793, 828[34]
Altar 936
Altjira 782
Amarras de ouro 917, 930
Amitâbha 839, 852, 912s., 942
Amogha Siddhi 852
Análise 779, 842
Ânanda 913, 924
Anima 759
- *mundi* 759
- *naturaliter christiana* 771
- *rationalis* 766

Anticristo 778
Antroposofia 859ss.
Apercepção 776s., 781
Arquétipo 845s.
- conceito, definição 845
- como dominante do inconsciente 845
- imagens coletivas como 845
- como complexos dinâmicos 845
Arte moderna oriental 908, 931ss.
Arupaloka 782
Árvore, árvores 890
- pé de bani 933
- jambeiro 921ss.
- das joias 919
Astrologia 778, 973
Atitude
- ascética 786
- consciente, compensação inconsciente 779
- livre do objeto 797
- psicológica, no Oriente e no Ocidente 786s.
- como ponto de vista religioso 771
Atitude espiritual, oriental e ocidental 773, 778
Âtman 955s., 959
Autoconhecimento, conhecimento de si-mesmo 794, 974, 999
Auto-humilhação (humilhação de si-mesmo) 772

---

[*] A numeração dos verbetes corresponde à paragrafação do livro.

Autorredenção 770, 780
Autossacrifício 849
Autossuficiente 888, 907, 973
Avó, nos sonhos 996
Azul 929

Bahai, Abdul, bahaísmo 861
Bardo, estado de 831
Bem e mal 895[37]
- para além do 825
- projeção do 849
- *omne bonum a deo...* 791
Bodhisattvas 923ss.
Borobudur 908
Brâmane 890
Branco 851
Bruder Klaus 947
Buda 772, 890[29], 912s., 952
- Buda cósmico 884
- condição de Buda 833, 895[37]
- espírito de Buda 771, 879, 921
- corpo de 808[20], 921
- "natureza" 888, 894, 901
Budismo 769, 883
- mahayana 833
- teísta 912
- tibetano 768
- e ioga 933

Cadeia de nidanas 770
Çâkyamuni 912s.
Calpas 926
Caminho(s), descaminhos, desvios 905
Cânon Pali 877
Caos 943
- ordem no 850
Caráter paradoxal, tomada de consciência, conscientização do koan 895
Carma 771, 842, 845, 850ss., 856
Catolicismo e protestantismo 855
China 816, 890

Christian Science 863
Ciência(s) 946
- ocidental 844
- e fé 762
- e religião 763, 768, 860ss.
- e técnica 863ss.
Cintâmani, como rei das joias 919, 931
Círculo(s) 945ss.
- dividido(s) em quatro partes 946
Círculo mágico 943
Civilização 876, 962
Colapso, desmoronamento moral 784
Comoção interior, como fenômeno religioso 957, 960
Compaixão, "a grande" 921, 932
Compasso 917, 930
Compensação, compensações por meio do mandala 945
Complexo(s), repressão do(s), recalque do(s) 975
Complexo de Édipo 842
Complexo de funções, dinâmico 845
Complexo de inferioridade 791
Comunismo 778
Concepção do mundo 762
Conflito(s)
- aceitação do 772, 780
- solução dos 780, 784
- do homem moderno 956
- moral 825, 941
Conhecimento(s) 765
- religioso 768
- perfeito 925
Consciência
- fechamento da, em torno do seu eu 890
- pertinácia da 871, 875
- vazia 833ss., 890
- criadora 838
- níveis da 890, 891
- extensão da 769

Psicologia e religião oriental 157

- obscurecimento da 960
- raízes da 842
Consciência e inconsciente 785,
897ss., 906, 935ss., 969, 996
Consciência reflexa 767, 773s.,
786, 796ss., 814
- debilitação da 783
- dissolução da 827ss.
- "superior" 775
Contemplação cristã 937ss., 949
Conteúdo(s) arquetípico(s)
- que transcendem a consciência
898s.
- contaminação dos 783
- inconscientes 774, 842, 897ss.
- reanimação e transmutação dos 793
- compensação mediante 779, 899
- indeterminação dos 783
Cores 917
- e formas de sabedoria 850
Corpo de Buda, v. e. tít.
- corpo aeriforme 921
Criança(s) 762
- "se não se tornardes como..." 762s.
Cristal 928
Cristianismo 779, 876, 882, 905
- e alquimia (verbete)
- renovação do 860
Cristo 890[30], 949
- alegorias de 935
- sangue de 935
- como redentor, obra redentora de
762
- *imitatio Christi* 762, 773
- interior, "em mim", "em nós"
890[30], 949
- sofrimentos, paixão de 893
Crítica 766
Cruz 850, 948
- como quaternidade 850
Culto aos mortos, culto mortuário
855
Cultura, civilização 977ss.

- cultura espiritual da Índia 962
- psíquica, perda da 962s.

"Dados de fato" 841, 857
Daimon, Daimonion 994
Dançarinos catali 908
Descida 831, 854, 856, 935
Desorientação, estado de 897
Despedaçamento, retalhadura
como dissociação psíquica 848
Deus, divindade (v. Javé)
- "Eu sou Deus" 800
- revelação de Deus 977
- e Satanás, diabo 791
- "Deus existe", "Deus não existe" 833
- "como um nada" 893
- prova da existência de 845
- conhecimento de 762
- temor de 772
Deus da morte 847ss.
Deuses 791, 857, 908
- do budismo tibetano 768
- pacíficos e iracundos 791, 833
- do *Tschönyid-Bardo* 850ss.
Dharma 822
Dharma-Dhâtu 852
Dhvaja 930
Dhyâna 911, 938
Dhyâni de Buda 857, 912
Diabo (cf. tb. Satanás) 777, 791
- visões diabólicas 791
Diamante, corpo diamantino 928
Dilema ético 941
Dionísio 905
Direção espiritual, pastoral 855
Disciplinamento psicológico 866
Disposição psicológica 895ss.
Doentes mentais 774, 783, 814
Dogma, dogmas 778, 933
Dragão 931

Embalsamamento 855
Emoção, emoções 957, 959

Enantiodromia 828, 1.010
Encarnação 837
Energia 898
- psíquica 810
- irradiadora 930
Eremita 786
Erro 933
- querer "fazer" como 840
Espectros 845, 908
Espiritismo 845, 855
Espírito, espíritos 782, 800, 845
Espírito Santo 884[14]
Espírito, Intelecto, Mente
- e mente universal 759, 768, 790
- como *anima rationalis* 765
- consciente e espírito uno 793
- formador das ideias 781
- estado de diferenciação do 786
- o e. uno 784s.
- realização do 817
- como o Espírito 800
- e corpo 866s.
- e matéria 787
- "mentalidade" como 768
- significação metafísica do 759, 767
- natureza, estrutura do 760, 764, 804s.
- oriental e ocidental 759, 768, 774s., 800, 936
- como função psíquica 759, 768
- racionalista 844
- força autolibertadora 779, 792
- divisão do 863s.
- subjetividade do 767
- como "sabedoria natural" 824
- realidade do 792
Estante de ouro 917, 930, 938
Esquizofrenia 779
Ética, da Índia 933
Eu 824ss.
- dissolução, extinção do 574ss., 942, 952, 958s.
- como "verdadeira matriz do medo" (Freud) 849

- emancipação do 849
- e não eu 885ss., 890
- e o si-mesmo 809, 885ss., 955ss., 959s.
"Eu-Eu" 955
Eucaristia, celebração da 912
Evangelistas, quatro 946
Experiência(s)
- interior, psíquica 907
- instintiva, base da 804
- mística 800
- das realidades psíquicas transubjetivas 849
- primordial 903
Experiência(s) vital (vitais) salvadora(s)
- experiência vital da totalidade 905s.
- natureza complexa da 959
Extroversão (cf. tb. introversão) 770, 779, 785ss., 797

Fábulas, fabuloso 944
Fantasia(s) 805, 845, 929, 939, 942
- temas (motivos) psicológicos na(s) 781
- sexuais 842
- arquetípicas, espontâneas 845s.
Fantasias mórbidas, demência 765, 899
- psicoterapia das 889
- megalomania 791
Fator, fatores dinâmicos
- subjetivos 783, 821
- e introversão 783
- e psique 776ss.
- inconsciente 982
Fatos concretos
- fé em 801
- como compensação 767
- psíquicos 889, 957
- psicológicos 794
- e o pensamento oriental 788
Fausto 905

Psicologia e religião oriental   159

Fé
- e conhecimento, conflito entre 864ss.
- e dúvida 791
Fenômeno(s), psíquico(s) irracional(is) 769, 939, 968
- fisiológicos 808
"Filho do Homem" 952
Filosofia do *Samkhya* 798
Fonte 919ss.
- fonte da vida 935ss.
- o si-mesmo como 957
Força imaginativa (v. fantasia) 889
- livre 846
Fórmulas mágicas 952s., 984
Função, funções diferenciadas e indiferenciadas, transcendentes 780ss., 802s., 828

Gelo 917, 929, 937
Ginástica 866, 912
Gnose 861[2]
Gnóstico 841
Gregos, Grécia 905[45]
Guerra mundial 950
Guru 841

Hades 902
Haste de milefólio 968, 973
Hélio 842
Hereditariedade 798, 845
Hereges, heresia 771, 809
Hipnotismo 928
História comparada das religiões 845
Homem, e o Absoluto
- animal 841
- redenção, necessidade de redenção por 770, 779
- totalização, processo de totalização 890
- interior 962s.
- como microcosmo 759

- homem natural e homem civilizado 869ss.
- no Oriente e no Ocidente, atitude psicológica do 770ss.
- e Deus 768, 956
- interior e exterior 785
- pneumático 959
- "original", reconhecimento do 887[19], 895
Homem primitivo, homens primitivos 761, 817[29]
- sonho e realidade entre os 782, 800
Hsüan-Tse 900[42]
Hui Ming Ch'ing 816
Hui-nêng 895[31]
Hyakujo 877
Hybris humana 800s.

Idade Média 948
Ideia(s) 806
Identidade, irracional, inconsciente 785, 817[29]
Ideologias 778
I Ging
- técnica do 966ss.
- simbologia do 964, 975s.
Igreja 770
- função mediadora da 862
- católica 855
Iluminação 900, 927
Ilusão, ilusões 767, 831, 905, 932, 1.002
- cármica(s) 831, 845, 846
Imagem, imagens 897
- extinção da 891
- "esvaziamento" e "criação" de 893
- mitológica 944
- paralelismo das 845
- psíquicas 766, 769
- espontaneidade das 784
- consolidação das 930
- hipóteses da migração das 845

Imaginação 771, 930
- ativa 793, 875, 929
Imitação, de práticas orientais 876, 933
Imortalidade 912ss.
Inconsciência 792, 963
- libertação da 841
Inconsciente, o 780ss., 819, 897
- cisão operada no 800
- análise do 842, 854
- conteúdos arquetípicos do 780, 790, 798, 810
- dominantes do 845, 848ss.
- experiência do 791, 814
- investigação do 773, 945, 974
- temor, medo do 773
- e o Espírito Uno 819ss.
- coletivo 775, 845, 857, 875, 944
- compensação por meio do 779s., 784s., 797, 802
- "constelação" do 780
- manifestação do 781ss.
- potencialidade do 805
- psicologia do 794, 941ss.
- espontaneidade, caráter espontâneo do 780
- compreensão do 792
- progresso de transformação do 854
- intemporalidade do 782s., 792
Índia 890, 933, 950ss.
- arquitetura na 908
Indiferença moral 825
Individuação 849
Indivíduo 792
Inferioridade espiritual 778
Inferno 847, 960
Inflação 840
Iniciação, iniciações 828, 841s., 854
Instinto(s) 798
Instinto(s), impulso(s) 843, 892, 939, 943
- da alma 912

Intelecto 837, 905
- como função psíquica 766
- *nihil est in intellectu...* 785, 908
- superação do 892
- racional 895, 904
Inteligência 933s.
Interpretação, interpretações 957, 959, 982, 999ss.
Introspecção 784, 823
Introversão e extroversão 770, 778, 787, 803, 873
Intuição 804, 818, 869, 881, 1.015
Ioga 778s., 785, 826ss., 859ss., 868, 890, 911, 930ss.
- perigos da 847
- como processo de introversão 873
- e o Ocidente 859ss., 933s.
- Hatha-ioga 775s., 907, 912
- Kundalini-ioga 847
- Tantra-ioga 868, 875
Iogue 826, 872, 931, 933, 937s., 951
Irracional, o 804[17]
Irrupção do eu no si-mesmo 887ss.
- de conteúdos inconscientes 898s.
Islão, islamismo 860
Israel 962

Japão 912
Joias 917ss.
Julgamento de um morto 846

Kamma 877
Kasyapa 877
Kâya, Dharma-kâya 771, 790, 838, 846, 853
- *Nirmana-kâya* 790s.
- *Sambhoga-kâya* 790s.
- *Tri-kâya* 790, 817
Kleças 912, 939ss.
Koan 881, 894s.
Kozankoku 877
Kwatsu 881

Psicologia e religião oriental

161

Lama, lamaísmo 831, 849ss.
Lamaísmo tântrico 843
Lápis-lazúli (lazurita) 917, 929, 937s.
Ligações com o objeto 853, 871, 942
Linguagem simbólica 788
Loto, flor de loto 920, 923s., 942, 948
Luz(es) 852
- e a obscuridade (trevas) e a sombra 828, 896, 938, 953
- como iluminação 828
- *lumen luminum, lux lucis, lux moderna* 828

Mago(s) 984
Maia 778, 953
Manda d'Hayyê (Manda d'hajjê) 841
Mandala(s) 945
- budistas 949
- cristãos 949
- e a cruz das cores 850
- lamaíticos 851
- centro do 852
Maometano 818
Mar, como inconsciente 937
Máscara 908
Matéria, material 762s.
Materialismo científico 763ss.
Maudgalyâyana 913
Medicina 873
- oriental 778
Médico e o paciente 904
Meditação 807[20], 827
- na alquimia 793
- na ioga, no zen 854, 894ss., 908ss.
Meditação como fim em si-mesmo 961

Médium, médiuns 845, 857
Medo, temor 846
Mentalidade ocidental e oriental 768, 773, 790, 800
Metafísica
- do Oriente 759, 872
- enunciados metafísicos 764ss., 833ss., 899
- conceito 762, 788
- realidade 760, 833ss.
Método(s)
- método chinês de adivinhação 974
- hipnótico 928
- introspectivo 946
- do *I Ging* 966ss.
- psicológico 781
- percepção consciente da realidade 780
- fenômenos de deterioração do 930
Milagre 925
Missa de defunto 855
Missão ramacrishna 961
Mistério(s) 905
- egípcios 841
- cristãos 933
- eleusinos 828[33]
- inefável, satori como 881
Mística 783
- cristã, e filosofia oriental 959ss.
- em Mestre Eckhart 887
- ocidental e práticas orientais 958
- do Oriente 963
- experiências místicas 893
Misticismo 282
Místico(s) 877, 947
- ocidentais 890
Mitologia 899, 944
- indiana, da Índia 950
- temas (motivos) mitológicos 781, 814
Mitra, mitraísmo 828[33]
Monte
- *Meru* 846, 921[4]

- montanha do templo 935
Morte 831, 841, 846
Mukti 958
Mundo(s), confrontação com o(s)
- como dado real 841
- realidade física, transcendente do 841
- materialidade e caráter onírico do 905[45]
- dez 913, 921

Nacional socialismo 770, 778
"Nada mais do que" 800, 857
Nascimento
- demoníaco 905
- e morte 831, 842, 926, 958
Natureza
- domínio da, entre os indianos 867
- o mal na 942
- e espírito 941
- inconsciente, e satori 895
- os europeus 867s.
Nefrit 993
Neurose 784, 794
- e psicose 906
Nirvana 800, 879
Nume(s), divino(s) 982

Objetividade absoluta 785s.
Ocultismo 843
Oito, número oito
- octógono 931
- ogdóada 942
Olho, olhos 957
Oposição, oposições 791
- livre de 798
- confrontação entre 780
Opus contra naturam 787
Oráculo, oráculo das moedas 965ss., 973
Orientação consciente, totalidade da 899

Oriente e Ocidente 768, 773s., 778s., 786s., 790, 800ss., 824, 860, 877, 905, 908ss., 954, 962s.
Ouro 917ss., 930
Ousadia e coragem 905

Paraíso 931
Paralelismo psicofísico 881, 973s.
Participation mystique ("participação mística") 817
Pássaro 919, 923
Paulo 949
Pecado(s), perdão do(s) 926
Pedra (cf. tb. lápis)
- Pedra filosofal 806
- como *lux lucis* etc. 828[34]
Pensamento como função espiritual
- da Índia 908
- oriental e ocidental 759, 770, 788
Perfeição, e pleno desabrochamento, plenitude total 857
Pérola, pérola dos desejos 919, 931
Personalidade, dissolução da
- consciente e inconscientemente 899
- desenvolvimento da 891
- transformação da 802
"Philosophia" (filosofia) 770, 899
- do *Bardo Thödol* 833
- chinesa 791
- indiana, hindu 890, 933
- crítica 759, 762ss.
- oriental e ocidental 759, 784, 833, 959ss.
Poder(es) 784
- o "totalmente outro" como 772
Possessão (do demônio) 777
Prajnâ, como sabedoria suprema 879
Prakti, dança da 778
- e *Purusha* 798
Prâna, *Prânayâma* 867

Psicologia e religião oriental

Processo de individuação 906
Processo de tornar-se si-mesmo (cf.
tb. individuação) 902, 960
Processo de totalização, no Oriente
905ss.
Processo de transformação,
religioso 890ss., 902
Produtos arcaicos do pensamento
779, 783
Profetas
- do Antigo Testamento 962
- Espírito Santo e 997
- modernos, papel compensador
dos 962s.
Projeção, projeções 761, 765ss.,
975
- de conteúdos inconscientes 782
Protestantes, otimismo dos 791
Protestantismo 855, 893
- denominações, cismas do 860ss.
Psicanálise, em Freud 842ss.
Psicologia 794, 945
- analítica 779, 793, 808
- existencial 948
- médica 941, 974s.
- e metafísica 579s.
- oriental 759, 956s.
- e ocidental, paralelismos entre
824s.
- das psicoses 845
- dos sonhos 845
Psicologismo 771
Psicose(s)
- provocada(s) intencionalmente
846s.
- manifestações psicóticas 1.004
Psicoterapeuta 903ss.
Psicoterapia 899, 903s., 974
Psique 759
- limitação da 765
- e fator subjetivo 776ss.
- individual, e sobrevivência da 845
- estrutura da 845

- inconsciente 780
- uniformidade da 845
- realidade da 769
- ocidental, saber, conhecimento
intuitivo da 784
Psiquiatra 1.015
Ptarmica sibirica 968[3]
Purusha 867

Quaternidade alegórica 946
Quatro (o), o quarto elemento,
quarto termo (cf. tb. quaternidade)
- quatro olhos, ventos 946
"Quebra dos vasos", das cascas 892

Racionalismo 880, 904s., 996
Ratna-Sambhava 852
Razão raciante 845
Realidade(s) 766, 772, 908ss.
- isolamento da vida em relação à
786
- para o europeu e o indiano 792,
909s, 936
- dos pensamentos, das ideias
768s., 849s.
- psíquica, da alma 769s., 800,
888, 929
Recalque, repressão 796, 898, 975
Redenção 831
- como substituição e saída 841
Redondo, o 928
Redução, reduções, os temas
(motivos) pessoais
- racionalistas 905
Rei 919
Religere, "religio" (religião) 982
Religião
- do conhecimento 768
- como sistema de cura, sistema
curativo 864ss.
- indiana, hindu 941
Renascimento 860

Renascimento, novo nascimento
828ss., 842, 856, 913, 925
- físico 843
Representações inatas, simultâneas
897s.
Retiros espirituais 778, 793, 854,
893ss.
- *Exercitia Spiritualia* (Inácio de
Loyola) 937ss., 958
Revelação, revelações 900
Rex Gloriae (Rei da Glória) 946
Rios do paraíso 946
Rito(s) 778
Ritos mágicos 855

Sabedoria (cf. tb. Sofia), do Oriente
962
Saber, conhecimento 845, 921
Sacrifício(s), *Sacrificium intellectus*
763
Sacrifício da missa 862
Samâdhi 906, 917s., 925ss., 958
Samsâra 770, 785, 800, 905
Sânscrito 912
Santos 791, 977
- da Índia 950ss.
Satori 877ss., 887s., 893s., 895,
906
Segredo, mistério 881, 937s.
- "criativo" 906
Seitas dos sufis 861
Senda (cf. tb. caminho) 918
- senda luminosa da sabedoria 851
- mediadora 797
- senda do nirvana 829
- óctupla 827
Sentido, senso, espiritual, da
mediação 936
Sentido de inferioridade 771
Sentimento(s) 782s.
Ser, não ser, ser-não-eu (ser não
ego) 762, 769, 931ss., 953
Serpente, com olhos 957

Seta 917ss.
Símbolo(s) 930s., 935ss.
- naturais 824
- linguagem simbólica da Bíblia 781
- como meio, instrumento, para
chegar à transformação 810
Simbolismo medieval religioso, de
processos inconscientes 779
Si-mesmo, o
- libertação do 879
- e função transcendente 810
- espírito e 808ss.
- revelação do 932
- oriental 808
- caráter paradoxal do 956s.
- símbolos do 808ss., 958
- como totalidade psíquica 808, 959
- universalidade do 888
- zen e 884
- caráter finalístico do 960
Sincretismo helenístico 861
Sinólogo, sinologia 967, 984
Sintomatologia religiosa 957
Sofrimento 770
- moral 794, 888
- da alma 794
Sol
- como alegoria de Cristo 935
- do nascimento 973
- vivificante 935
- meditação sobre o 914ss.
Solidão, isolamento 905
Sombra 941
- personalidade consciente 975
Sonho(s)
- material arcaico nos 814
- interpretação dos 1.004
- compensadores 899
- temas, motivos mitológicos no 787
- símbolos do si-mesmo nos 808ss.
- como manifestações do
inconsciente 782s.
- prenunciadores 814

Psicologia e religião oriental

Sopro, respiração 866s., 912
Spiritual agencies 979, 982
Suástica 948
Subjetivismo 766s., 776s., 871
Sublimação, *sublimatio* 776
Subtle body 848
Sujeito cognoscente 891
- que age 1.004ss.
- e objeto 849
Superstição 817[29]

Tambor 914
Tao, Taoismo 877
Tao Te King 791, 954
Técnica moderna 777
- e ciência 863ss.
Teoria do conhecimento 761s.
Totalidade 905
"*Training* autógeno" 874
Transformação, transformações
893, 902ss., 963, 995
Trauma do nascimento 842
Trindade 882
Trindade, visão da 947
Trivandrum 953

União 799
União transcendente 798ss.
Unidade
- não dualidade 881
- e multiplicidade 798, 943
Unificação dos opostos 803, 828
- *coincidentia oppositorum* 881
Unilateralidade 786
Universalia (universo) 770

Upanishads 769, 859, 952
Útero 842

Vaidehi 924s.
Vairotschana 852
Vajra-Sattva 812
Vaso 981[8]
- do sacrifício 977, 982
Vazio 833ss.
- ou "libertação" ("estar
desimpedido") 893
Vento 946
Verdade(s)
- dogmática(s) 931
- do Oriente 798
Vermelho 852
Vida 842
- pré-natal 842
- e o pensamento do indiano 933,
950, 959
Vidente 951
Visão, visões 828ss., 937
- da vida do Bardo 856
- concretização das 929
- da serpente (em Inácio de Loyola)
957
- dos dez mundos 913
Vontade 869

Yang e *Yin* 791

Zaratustra 892, 905s.
Zen, zen-budismo 827, 877ss.,
893ss.

Conecte-se conosco:

- facebook.com/editoravozes
- @editoravozes
- @editora_vozes
- youtube.com/editoravozes
- +55 24 2233-9033

www.vozes.com.br

Conheça nossas lojas:

www.livrariavozes.com.br

Belo Horizonte – Brasília – Campinas – Cuiabá – Curitiba
Fortaleza – Juiz de Fora – Petrópolis – Recife – São Paulo

EDITORA VOZES LTDA.
Rua Frei Luís, 100 – Centro – Cep 25689-900 – Petrópolis, RJ
Tel.: (24) 2233-9000 – E-mail: vendas@vozes.com.br